창의적 인재양성을 위한 유아무용교육 지도자 지침서

유아무용교육

이정숙 · 이은선

도서출판
리세기교육사

머리말

유아와 함께 무용 수업을 한다는 것은 특별한 일인 것 같다. 일반적으로 무용은 신체를 활용한 움직임의 기술로 자신의 생각을 표현하고 전달하는 활동이다. 따라서 무용은 자신의 생각과 표현을 잘 전달시키기 위하여 고난도의 기술수행을 위해 많은 시간 끊임없이 노력을 기울이는 모습에 대한 이미지가 강하다. 이로 인해 무용은 아무나 쉽게 접근할 수 없는 특별한 영역으로 인식되면서 지난 과거에는 유아나 노인에게는 좀 특별한 교육으로 생각되었던 때가 있었다.

최근 무용은 특정인을 대상으로 하는 전문분야도 있지만 많은 대상에서 무용을 수용하고 즐기고 있다. 특히 유아기는 움직임을 통한 교육이 유아의 발달에 절대적으로 영향을 미치고 있다는 다양한 연구를 바탕으로 그 중요성을 확보해 나가고 있다. 이탈리아의 교육학자이자 심리학자인 마리아 몬테소리(Maria Montessori)는 유아기의 움직임의 중요성을 다음과 같이 강조하였다. "인생에서 초기 6년 동안에 갖는 신체적인 창의력은 남은 인생 동안 사용할 수 있는 방대한 양의 지식을 얻는 기회"라고 하였다. 그리고 이 시기의 아이들은 문화와 사회적응에 필요한 다양한 패턴인 협동능력과 복잡한 언어의 여러 가지 표현 방법을 신체활동을 통하여 습득한다고 하였다. 그리고 이 시기는 의식과 하위의식 상태가 분리되어 있지 않기 때문에 유아의 마음은 항상 열려 있는 상태이다. 그러므로 이 시기는 무엇이든 받아들이고 흡수할 수 있는 마음과 능력이 유동적이라는 특성이 있어 유아의 표현활동을 주 도구로 하는 무용교육은 유아에게 있어서 더없이 훌륭한 학습이라 생각한다.

유아에게 무용교육은 이제 새롭지 않다. 대부분 유치원에서 무용교육이 진행되고 있으며, 누리과정의 예술경험 영역을 통해 유아무용 수업이 점점 긍정적 이미지로 확장되고 있다. 이 책을 준비한 우리는 2012년 서울특별시 유아교육진흥원에서 제작되는 신체활동자료「친구야 나랑 함께 춤추자」라는 자료 연구에서 개발위원장과 수석연구원을 담당하면서 1년 동안 유아무용 프로그램 연구를 한 적이 있다. 그 내용은 5년이 지난 지금도 유치원 교사 연수를 통해 보급되고 있고 유치원에서도 잘 활용되고 있다. 이 자료는 서울특별시에 위치한 모든 유치원에 보급되었으며 유아무용이 유아의 발달과 학습에 미치는 긍정성에 대해 유치원 교사로부터 많은 지지를 얻었던 기억이 있다.

지금은 4차 산업혁명시대라고 한다. 4차 산업혁명이 주는 의미는 인간의 움직임의 감소와 더불어 이미 갖추어진 인프라의 통융합을 위한 창의적 사고력의 요구일 것이다. 즉, 초연결성, 초지능화에 의해 미래사회가 기술과 사물에 의해 인간의 노동력이 대체된다 하더라도 창의성 및 혁신적 사고와 같은 인간만의 주요능력 및 영역은 자동화되지 않을 전망이다. 따라서 창의성 발달, 표현방법의 적극성, 자기존중감 발달의 적정기인 유아기의 학습방향에 대한 고민이 필요한 때가 아닐까 한다. 유아기의 무용교육은 이러한 점에서 무게감이 있고 아울러 유아에게 무용교육을 지도하는 교사의 중요성도 신중하게 고려되어야 할 것으로 생각한다.

현재 유아교육기관에서 무용교육을 담당할 수 있는 교사는 적어도 대학을 졸업한 전문가들이다. 그런데 유아무용전문가를 양성하는 교육기관은 없다. 유아교육 전공분야에서는 유아의 표현활동을 적극적으로 지도할 수 있는 교과목이 부족하고 무용교육 전공분야에서는 유아의 발달과 관련 전문적 지식이 미흡한 실정이다. 이러한 현실은 유아에게 무용교육활동을 통해 발달을 기대하기는 어렵다.

이 교재는 유아를 중심으로 실시하는 무용교육에 조금은 도움이 될 수 있기를 기대하면서 우리가 그 간의 다양한 장소에서 유아무용을 지도 했던 경험을 중심으로 정리하였다. 그 내용으로는 21세기 사회환경의 변화에 따른 유아의 건강, 유아기의 발달에 관한 특성, 유아기 무용교육의 이해, 무용교육을 위한 레퍼토리의 실제, 교수학습과정안 설계를 중심으로 내용을 실었다. 이 내용이 무용을 전공하는 대학생이나 혹은 유아에게 무용을 지도하는데 관심을 가지고 있는 사람들에게 유용하게 활용될 수 있기를 희망하는 마음이다.

끝으로 저자일동은 숙연한 마음으로 원고 후기를 올립니다.

내용에서 미흡하고 부족한 부분이 있을 수 있습니다만, 이 책을 이용하실 독자 여러분께서 넓은 마음으로 혜량하여 주시기를 부탁드립니다. 이 책이 작성되고 만들어지기까지 주변에서 도움을 주신 많은 분들께 감사의 마음을 전하고자 합니다.

먼저 유아의 건강과 관련하여 많은 자료를 제공해 주신 일본 와세다대학 前橋 明 교수님께 감사를 드리며, 사진을 촬영해주신 이승주 감독님과 도움을 주신 권은경 선생님, 이연경 선생님, 한유진 선생님께 감사의 마음을 전합니다. 그리고 김시원, 정지영, 정지은, 최지우 어린이들에게 고마움을 전하며, 마지막으로 이 책이 출판되기까지 도움을 주신 21세기교육사 이경화사장님께도 감사드립니다.

2017년 08월 더운 여름에

저자일동

차례

part 1
21세기와 무용

21세기 사회는 변화가 빠르다. 4차 산업혁명 시대라고 한다. 이러한 변화와 인간의 발달과는 무관한가? 최근에 일어나고 있는 많은 일과 사건들은 인간의 심신에 다양한 영향을 미치고 있지만, 그 대안은 생각하기에도 힘겨울 정도로 버겁다.

본 교재에서는 유아를 대상으로 무용이라는 교과과정을 중심으로 다루어 보고자 한다. 현재 유아들의 사회 환경적인 문제, 유아의 건강문제 및 성장발달 문제에 따른 무용의 역할에 대해 공유하고 같이 고민해 보고자 하는데 있다.

21세기의 사회 환경적인 문제는 유아기 발달에 많은 숙제를 낳는다. 출생에서부터 양육환경, 부모의 역할, 생활습관, 먹거리 문제, 놀이 환경 등 많은 현안들이 하루가 멀다 하고 거론되고 있다. 이러한 문제들은 유아들이 성장발달 하는데 적지 않은 고민거리로 나타나고 있다. 그 가운데 최근 자주 거론되는 문제는 '외톨이' 와 '맞벌이 가정'이다.

보건복지부는 0세부터 18세 미만 아동을 양육하는 4007가구를 대상으로 조사한 '2013 한국 아동종합실태조사' 결과를 한국 아동의 삶의 질은 100점 만점에 61.5점이라 한다. 이에 따라 보건복지부 아동복지정책과 사무관은 '제1차 아동정책기본계획(2015~2019)'을 수립할 예정이고(조선일보, 2015), 이 정책의 기본계획은 UN아동권리위원회가 제안한 보호권 · 발달권 · 참여권 · 생존권 등 아동의 4대 권리도 참고해 아동이 행복한 삶을 사는 데 도움 되는 정책을 마련할 것이라고 한다.

아이가 가장 행복한 시간을 언제일까? 마음껏 뛰어놀면서 놀이에 몰입할 때가 아닐까? 지금 유아들의 생활패턴을 살펴보면 유아 심신의 건강은 걱정이 앞선다. 유아들이 놀이에 몰입하면서 학습과 발달을 꽤할 수 있는 프로그램 모색과 방안에 대한 연구가 필요하다.

유아는 미래의 주역이다. 그런데 급변하는 사회첨단 기계문명의 발달에만 관심을 두는 것 같다. 인간의 발달은 느림의 미학도 필요하고 기다림도 필요하다. 특히 유아기는 신체가 발달할 수 있도록 기다려주고 환경을 조성해 주어야 할 것으로 생각한다.

1. 21세기의 사회적 배경

그림 1-1. 유아의 건강과 사회적 환경

21세기의 사회적 배경은 유아기 발달에 많은 숙제를 낳는다. 출생에서부터 양육환경, 부모의 역할, 생활습관, 먹거리 문제, 놀이 환경 등 많은 현안들이 있다. 더하여 알파고에 대한 정보로 사회가 떠들썩하였다. 인간이 발달을 주도하기 위해 앞으로 무슨 교육을 어떻게 해야 되는지에 대한 관심이 높았던 일도 불과 얼마 전이지 않는가? 이러한 문제들은 유아들의 성장과 발달에 적지 않은 고민거리로 나타나고 있다. 그 원인은 변화가 너무 빠른 탓이 아닐까 한다. 적응할 시간도 없이 빠르게 변화하고 있는 현실에서 고민하고 걱정되는 일은 많겠지만, 그 모든 것을 고민하고 분석할 수는 없다. 여기서는 먼저 유아들에게 직면해 있는 문제 몇 가지를 살펴보고 그 문제를 최소화 하는데 필요한 것을 살펴보고자 한다.

현재 빠른 변화 속에서 나타나는 일들 중 유아의 건강과 관련하여 생각해 보아야 하는 몇 가지 문제들을 제시해 보았다. 대표적인 내용으로 첫째, 신체활동의 부족이다. 그 다음으로 지금 사회에서 계속 증가하고 있고 유아의 발달 환경에 영향을 미치고 있는 것이 맞벌이 가정이라 생각한다. 그리고 지속적으로 다양한 양상으로 나타나고 있는 식습관 및 영양이며 본서에서 다루고 싶은 문제 중 또 하나는 유아의 놀이 시간과 놀이 방법이다. 이러한 사회적 환경적 문제가 유아의 몸과 마음에 어떠한 영향을 미치는 지에 대해 살펴보고 이에 대한 대안으로 어떠한 설계가 있는지를 같이 고민해 보고자 한다.

1) 신체활동의 부족

인간은 태어나면서부터 본능적으로 생존과 자기감정을 표현하기 위한 수단으로 몸을 움직인다. 이러한 움직임은 주변을 탐색하고 경험하면서 과제와 환경에 적응하면서 인지활동을 한다. 특히 유아기는 신체활동을 통하여 살아가는 방법을 자연스럽게 터득하므로 신체활동은 반드시 수반되어야 하는 매우 중요한 활동이다.

최근 유아들이 성장하고 있는 환경을 살펴보면 뛰어 놀 수 있는 시간은 줄어들고, 대신 TV나 비디오 시청과 컴퓨터 게임 등과 같이 혼자서도 재미에 푹 빠질 수 있는 도구가 날로 새롭게 등장하고 있다. 이러한 환경은 유아가 운동부족으로 인한 체력저하로 나타나고 있다(교육인적자원부, 2005). 더하여 주거환경 주위에 있는 놀이공간이 매우 협소하거나 안전을 고려한 놀이 공간이 부족한 것도 활동을 위축시키고 있는 요인이다. 그리고 부모나 교사들의 동작 활동에 대한 인식 부족도 유아들이 마음껏 놀면서 성장하고 발달할 수 있는 권리를 보장해 주지 못하는데 일조를 하고 있다고 사료된다. 이와 관련하여 최근 유아는 아래 〈그림 1-2〉와 같이 몸과 마음의 문제가 염려된다.

그림 1-2. 유아의 건강관련 문제

인간은 본능적으로 생존과 자기감정을 표현하기 위한 수단으로 몸을 움직인다. 이러한 움직임을 시작으로 주변을 탐색하고 경험하면서 살아가는 방법을 자연스럽게 터득하므로 유아들이 신체활동이 부족하지 않도록 배려해야 한다.

신체활동 부족은 단지 체력저하에만 그치는 것이 아니라 발달정체, 발달부진, 발달불량 현상(小林, 2006; 本保, 中居, 前橋, 2004)으로 이어지고 수면에도 영향을 미쳐 정서의 문제나 비만(神山, 2006), 신경계의 이상 현상을 초래하기도 한다(小林, 2006; 神山, 2006; 野井, 2006; 關根, 2006: 前橋, 2012; 石川, 2012, 鵜飼, 2012). 신경계 이상에 따른 증상으로는 의욕상실, 인내심 부족, 화냄과 집중력 부족 등 다양한 정신적 문제들까지 수반하고 있어(小林, 2006; 神山, 2006; 野井,2006; 關根,2006; 이정숙 외, 2006; 前橋, 2012; 鵜飼, 2012) 유아의 건강에 많은 염려를 낳고 있다.

2) 신체활동의 필요성

유아의 신체활동의 필요성을 발달적 특성과 사회적 특성으로 구분하여 살펴볼 수 있다.

발달적 특성은 생존의 의미와 표현의 의미로 구분하여 살펴보았고 사회적 특성은 정상적 가정의 중요성과 놀이문화로 구분하여 알아보았다.

(1) 발달적 특성

발달적 특성에서 생존의 의미는 인간이 생존하기 위해 오랫동안 시스템으로 구축된 체온조절과 면역기능에 영향을 미치는 생체리듬의 자동화이다. 발달적 특성에서 표현의 의미는 사회적 기술인 소통이다.

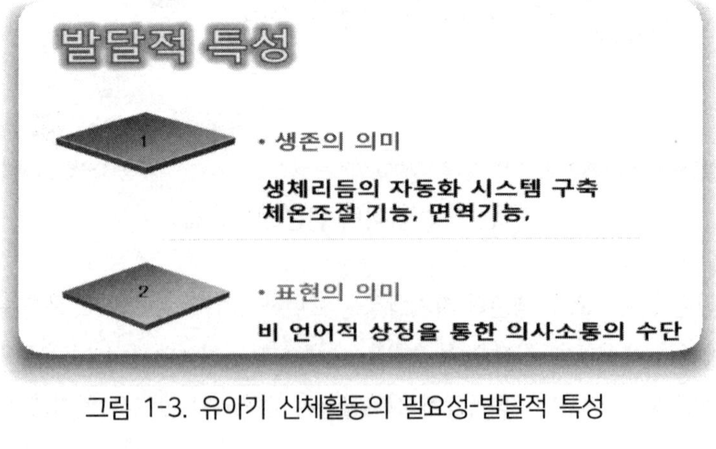

그림 1-3. 유아기 신체활동의 필요성-발달적 특성

가. 생존의 의미와 신체활동

발달적 특성

- 생존의 의미

생체리듬의 자동화 시스템 구축
체온조절 기능, 면역기능

유아들에게 있어서 신체활동은 곧 생존을 의미한다. 생존의 의미에서는 신체활동은 인간이 세상에 태어나서 생존하기 위해 적응하는 과정에서 절대적이다. 인간은 생존을 위해 적응하는 시기가 길다. 적어도 만 36개월이라는 절대적인 기간을 필요로 하고 그 기간 동안 적절히 활동하면서 신체를 생존을 위해 적응시켜 간다. 본능적으로 신체활동은 체온조절기능과 면역기능에 영향을 미치면서 생체리듬의 자동화 시스템 구축에 기여한다(前橋, 2016).

체온조절기능과 면역기능은 일생을 살아가는 동안 삶의 질에 영향을 미치게 된다. 특히, 유아기는 생체리듬의 자동화 시스템이 구축되는 시기이며 출생 후 36개월은 환경의 다양한 지배를 받는다. 이 시기에 적극적으로 움직일 수 있는 운동 환경이 중요하다.

신체활동에 영향을 받는 생체리듬은 〈그림 1-4〉와 같은 곡선을 나타낸다. 이 곡선은 하루 중의 체온의 변화를 표시 한 것이다.

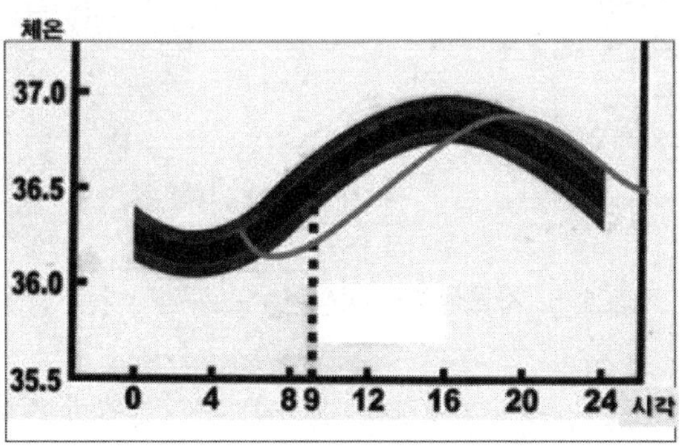

그림 1-4. 체온리듬(前橋, 2016)

이상적인 체온리듬은 〈그림 1-4〉과 같이 밤 시간에는 체온이 낮고 낮 시간에는 체온이 높다. 그리고 오전 9시 경에 거의 36.5도의 정상체온을 유지하는 것이 이상적이다.

위에 나타나 있는 블랙 바(Black Bar)는 수면을 취하고 있던 밤 동안에 낮아진 체온을 9시 경에 36.5도인 정상체온으로 회복하고 일과 중 점점 체온이 상승하다가 오후 11시 이후에 다시 체온이 떨어져 깊은 수면으로 휴식을 취하는 것으로 나타나 있다. 반면, 이러한 블랙 바와 상반되는 얇은 선인 레드 바(Red Bar)는 오전 9시 경에도 정상체온인 36.5도에 미치지 못하고 오전 11시 경에야 정상체온인 36.5도에 도달한다. 레드 바(Red Bar) 패턴을 지속적으로 유지하는 유아는 심신의 다양한 문제들을 안고 있을 것으로 염려되는 대상들이다. 대개 레드 바(Red Bar) 패턴에 놓인 유아들의 생활을 살펴보면 오전 중에 거의 의욕과 집중력이 부족할 뿐만 아니라 면역력이 약하다고 보고하고 있고 자율신경계 이상 현상들이 나타난다고 보고하고 있다(前橋, 2016).

자율신경계 이상 현상은 아래 〈그림 1-5〉와 같은 다양한 행동들이 관찰된다고 보고하고 있다. 이러한 자율신경계 이상 현상의 행동들은 현재 유치원에 다니는 유아들에게서 빈번히 나타나고 있다고 한다(2016, 서울시 북부교육지원청 교사연수).

그림 1-5. 자율신경계 이상현상으로 나타나는 행동

일본 와세다 대학 마에하시(前橋) 교수는 유아들에게 자율신경계의 이상 현상으로 나타나는 일연의 행동들을 줄여나가기 위해서는 신체활동이 매우 중요하다고 강조한다. 따라서 현재 사회적 환경적 문제로 인해 나타나고 있는 유아들의 심신의 문제들은 다양한 차원에서 고민하고 개선해 나가야 할 것이다.

나. 표현의 의미와 신체활동

발달적 특성

• 표현의 의미

비 언어적 상징을 통한 의사소통의 수단

다음으로 유아기 신체활동의 필요성을 표현의 의미에서 살펴보고자 한다. 표현은 탄생부터 가정에서 시작되며, 사회적 발달시기를 통해 또래간의 상호작용 기술로 발달된다. 표현의 기술은 애착 형성 시기부터 시작되고 긍정적인 애착 형성은 유아의 표현 발달과도 관련이 있다. 이와 연계하여 타인과의 상호작용 기술에도 영향을 미치게 된다.

유아기는 긍정적 사회화 과정을 통해 소통을 원만하게 할 수 있다. 소통은 타인을 배려하고 협력할 수 있는 기술이다. 소통의 사전적 의미는 '의견이나 의사 따위가 타인과 잘 통함'을 의미한다. 사회성은 남과 사귀거나 집단생활을 하는 것을 좋아하거나 잘해 나가는 능력 혹은 집단을 만들어서 생활하려는 기본적 특성을 의미한다. 인간은 사회적 동물이다. 그러므로 타인과의 관계가 중요하다.

최근 유아들의 문제는 소통이다. 영유아기의 소통은 부모와의 적절한 관계를 유지하면서 성장하고 발달한다. 많은 연구에서 사회적 능력이 낮은 유아는 대체로 외적으로 공격적이고 성인의 권위에 도전하며 부정적 정서를 표현하고, 내적으로는 걱정을 많이 하고 침체되어 있으며, 의존적 특성을 보인다(원영숙, 2009)고 한다. 그 외에도 낮은 사회적 능력의 원인으로 사회적 부적응 행동을 유발할 뿐 아니라 그 문제가 해결되지 않을 경우 청소년기의 비행이나 일탈로 이어지며 성인기까지 지속된다(남소현, 김영희, 2000; 윤은희, 2014). 최근 집단 따돌림이나 폭력 등과도 무관하지 않다고 생각된다. 윤은희(2014)는 그의 연구에서 또래 관계에서 소심하거나 혹은 자기중심적이거나 또는 정서적으로 문제가 있는 유아들이 적절한 인간관계를 맺지 못하여 또래 관계에서 어려움을 겪고 집단 내에서 따돌림을 당하는 등 어려움을 겪게 된다고 보고하였다. 그리고 최근 유치원에서 유아들 간의 관계에서 폭력이나 왕따로 인한 사례가 많아지고(육아정책연구소, 2013) 있어, 적절한 사회적 능력의 필요성이 강조되고 있다.

유아에게 있어서 자유로운 표현은 양육의 일차적인 책임을 맡고 있는 어머니와의 관계에서 시작된다. 가정에서 시작하는 상호작용의 시작은 사회성 발달의 기본 틀이 형성되고(Hartup, 1983; 유진희, 2006에서 재인용), 타인과의 관계를 형성하는데 필요한 기술을 습득하게 되므로 매우 중요하다(박주희, 2001).

(2) 사회적 특성

21세기의 사회적 환경이 유아의 발육 발달에 미치는 영향은 다양하다. 그리고 염려스러운 부분이 많다. 신체활동 필요성의 관점에서 사회적 특성인 정상적 가정과 놀이문화에 대해 살펴보자.

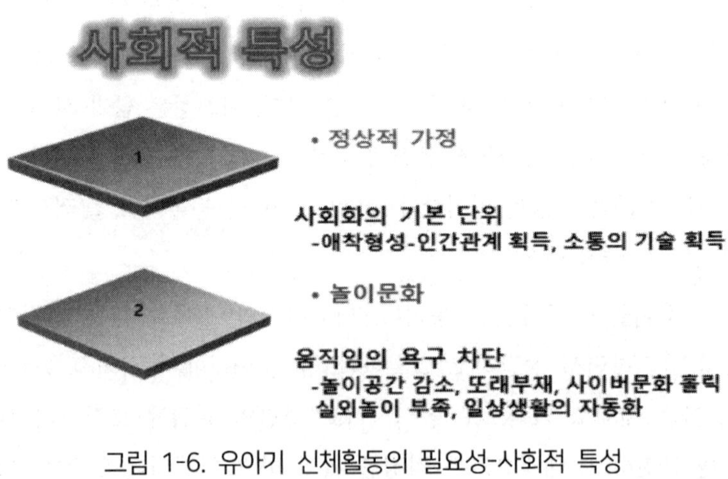

그림 1-6. 유아기 신체활동의 필요성-사회적 특성

가. 정상적 가정과 신체활동

사회적 특성

• 정상적 가정

사회화의 기본 단위
-애착형성-인간관계 획득, 소통의 기술 획득

인간은 사회적 동물이다. 따라서 사회화 혹은 긍정적 사회성 발달은 중요하지 않을 수 없다. 사회화의 기본 단위는 정상적 가정이다. 정상적 가정은 곧 긍정적 사회화에 기여한다. 그 저변에는 일차적으로 부모의 역할이 있다. 부모로 부터의 긍정적 애착 형성이 곧 삶의 에너지다.

노민지(2008)는 그의 연구에서 영아가 최초로 상호작용을 하는 대상인 어머니는 자녀의 발달단계를 알고 그 단계에 맞는 놀이를 함께 힘으로써 영유아의 놀이를 확장시키고, 높은 수준으로 이끌어 준다고 보고하고 있다.

김수연(2012)은 어머니와 영아의 상호작용의 중요성은 발달과도 밀접한 관련이 있다고 보고하면서 어머니와 영아간의 상호작용 활동이 많을수록 자녀의 언어발달에 긍정적인 영향을 미쳤으며, 상호작용의 기간이 길수록 영아에게 장기적인 영향을 미쳤다고 하였다. 이 시기는 대부분 놀이를 통해 발달을 꽤하는데 이 시기는 언어와 비언어적인 방법으로 영아와의 상호작용을 시도하고 어머니의 상호작용 시도가 긍정적으로 이루어져 놀이를 하게 되면 영아는 최상의 각성수준을 유지하여 성장을 촉진한다고 보고하고 있다.

Bowlby(1969)는 가장 가까운 사람과 연결되게 하는 강하고도 지속적인 정서적 결속을 애착이라 하였다. 그리고 유아기 긍정적 애착형성은 자신 및 타인에 대해 기본적으로 긍정적 개념을 갖게 되고 이로써 사회 환경에 적절히 긍정적으로 적응 할 수 있다고 밝혔다.

이에 반해 김영옥(2003)은 애착결핍 아동의 행동은 점점 문제화 되고 이러한 행동이 지속되면 성장 후 또래와의 놀이에서 사회적 행동이나 능력이 매우 결핍되어 고립될 수 있다고 하였다. 따라서 애착은 유아의 생존과 발달에 필수적이며 초기애착의 질이 후기의 발달에까지 영향을 주는 매우 중요한 발달 요건임을 알 수 있다. 최근 자녀 수의 감소, 어머니 취업의 증가, 맞벌이 가정, 핵가족화의 확대와 같은 사회적 변화로 인해 자녀양육에 관한 근심이 높아지고 있다. 아울러 최근 부모의 역할 부족으로 빚어지고 있는 문제들도 다양하다.

먼저 핵가족 환경에서 나타나는 부모역할의 부재이다. 결혼하고 준비되지 않은 채 부모 역할로서의 급격한 변화는 육아에 많은 부담을 준다. 그리고 핵가족화는 조부모 세대와 함께 살지 않아 육아법을 배울 수도 없고 대신해서 어느 정도 육아가 익숙해질 때 까지 같이 감당할 사람이 없다. 이로 인해 어머니와 유아간의 밀접한 상호작용을 전제로 하는 효과적이고 안정적인 애착형성이 어려워지는 현실을 맞이한다. 그 외에도 자녀 수 부족으로 가정 안에서의 사회화가 어려워짐과 동시에 어머니의 취업으로 맞벌이를 하는 가정이 30%를 넘기고 있고 대부분의 부모가 일터로 나가 있는 상황이라 유아가 가정에서 부모와 함께 해야 하는 대부분의 시간을 혼자 보내고 있다. 따라서 애착에 대한 교육의 필요성과 중요도가 높아지는 시점에서 정상적 가정의 중요성은 재인식 되어야 한다.

맞벌이 가정의 증가는 유아들이 부모와 함께 하는 시간이 줄어들고, 올바르지 못한 식습관으로 이어지고 있고, 혼자 있는 시간이 많아지면서 컴퓨터나 미디어 게임, 혹은 실내에서 장난감 놀이에 몰입하게 하게 되면서 왕따나 우발적 폭행 행위로까지 발현되고 있어, 연일 미디어에서 보도 되고 있는 학교폭력, 자살 등과 같은 사건과 무관하지 않다(前橋, 2012; 鵜飼, 2012; 石井, 2012)는 것을 알 수 있다. 이러한 정상적 가정의 부재로 인해 나타나는 다양한 문제들을 대처할 다양한 고민이 필요한 시점이다.

나. 놀이문화와 신체활동

사회적 특성

• 놀이문화

움직임의 욕구 차단
-놀이공간 감소, 또래부재, 사이버문화 홀릭
실외놀이 부족, 일상생활의 자동화

21세기의 놀이문화는 움직임의 욕구를 차단하고 있다. 최근 급변하고 있는 사회 환경과 유아의 건강과 관련하여 몇 가지로 요약해 보면 신체활동의 부족에 의한 심신의 문제, 맞벌이의 증가로 인한 인간과의 상호작용 결여, 또래와의 놀이시간 부족으로 인한 외톨이 문화(前橋, 2012; 石井, 2012) 등을 들 수 있다.

유아의 외톨이 문화는 IT 시대와 맞물려 기계와 친숙해지는 결과를 초래하였다. 혼자 귀가 한 후 집에 들어갔을 때, 맞이해 주는 환경은 거실 벽과 TV, 냉장고, 게임기기 같은 물체나 기기들이다. 얼마 전 연일 보도되었던 과외의 양에 의해 놀이할 시간이 없다는 것 등이 지금의 유아들이 안고 있는 놀이 환경이다. 그 결과 귀가 후 아이들은 냉장고 문을 열어 허전함과 외로움을 달래고 그 다음으로 TV나 혹은 컴퓨터를 켜게 되면서 관리되지 않는 환경에 노출되고 게임에 몰입하게 되는 것이다. 컴퓨터 게임은 상호작용이 아니라 일방적인 명령에 의해 움직이므로 뇌의 전두엽이 발달되는 시기인 유아기에 적절하지 않은 놀이 문화임에 틀림없다.

이렇듯 지금 성장기에 있는 유아들이 안고 있는 놀이의 3가지 문제는 놀이공간(空間), 놀이시간(時間), 놀이인간(人間/또래)의 부재다. 그래서 삼간(三間) 부재 현상이라 한다.

① 놀이공간(空間)

산업화로 인해 놀이공간의 감소는 늘 거론이 되어오고 있어 새로운 사실이 아니다. 한편 최근에는 유아의 놀이공간에 대한 다양한 대안이 나오고 있고 놀이의 중요성도 많이 강조되고 있어 사회적으로나 가정적으로 유아의 놀이에 대해 관심이 높아졌다는 것을 실감한다. 그러나 유아의 놀이공간은 첨단 환경의 조건을 만족시키는데 급급하다. 유아기에 필요한 놀이공간은 첨단보다는 원시적인 자연 그대로의 환경조건으로서의 놀이공간을 필요로 한다.

② 또래 부재

또래 부재는 유아기 뿐 만 아니라 전 생애를 통해 외로움을 극대화 하는 환경이다. 그러나 특히 유아기 때는 사회화가 형성되고 사회성이 발달하는 시기이므로 특히 주의를 기울일 필요가 있다.

유아는 성장하면서 또래집단으로 사회적 환경이 확대되고 점차 또래관계가 사회적 관계의 중심이 된다. 유아는 또래 간 상호작용을 통해서 유아가 사회적 상황의 지표들, 즉 또래의 특성, 제의, 반응들이 변하는 것에 대응하여 그 형태와 기능이 변화하면서 발달한다(이광자, 2013).

최근에는 〈그림 1-7〉과 같이 아이 양육 손 놓은 엄마라는 보도와 같이 혼자 있는 유아들의 다양한 실태들이 연일 보도된다. 이러한 환경에 노출된 유아들은 다양한 위험에 노출 될 뿐 만 아니라 청소년기, 성인기까지 영향이 미친다는 것은 익히 익숙해져 있다.

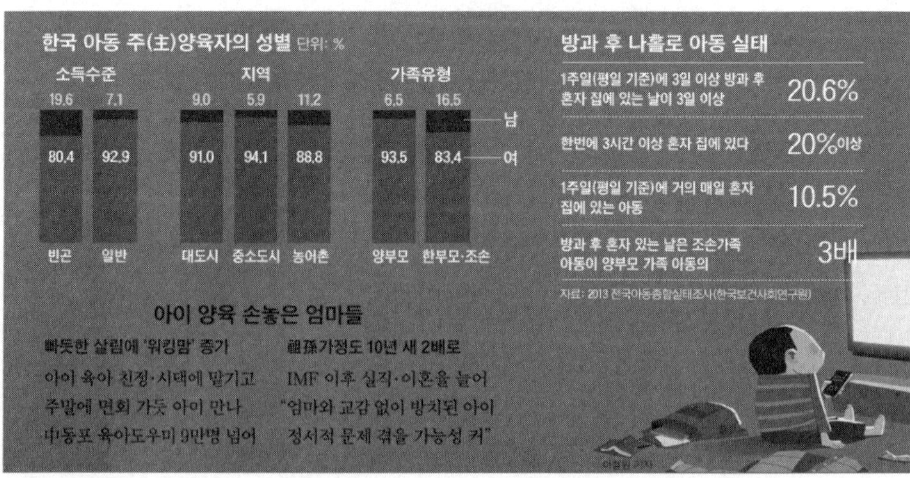

그림 1-7. 방과 후 나 홀로 아동실태(조선일보 2016)

③ 사이버 놀이문화

사이버 놀이문화는 대부분 손가락을 주로 사용하므로 손가락 문화라고도 한다. 유아들은 전신운동으로 대근활동을 주로 해야 하는 시기임에도 불구하고 컴퓨터나 게임기, 휴대폰 조작 등 기계를 가지고 놀이를 하고 있는 모습이 종종 발견된다. 최근 유아들이 성장하고 있는 환경을 살펴보면 뛰어 놀 수 있는 시간은 줄어들고, 대신 TV나 비디오 시청과 컴퓨터 게임 등을 하면서 대부분 혼자서 놀이를 하고 있고 혼자서도 재미에 푹 빠질 수 있는 도구가 날로 새롭게 등장하고 있다.

사이버 놀이는 대부분 사람과 함께 할 수 있는 환경이 갖추어지지 않았을 때 외톨이로 있을 때 주로 노출되는 놀이 형태이다. 이러한 활동을 근절하기 위해서는 유아들이 실외놀이를 마음껏 할 수 있고 친구들과 함께 하는 환경적 여건이 보장되어야 한다. 따라서 유아들에게 또래와 함께하는 재미있는 놀이를 할 수 있도록 하는 학습현장들과 이러한 지도를 할 수 있는 교사교육 및 프로그램의 보급이 필요하다.

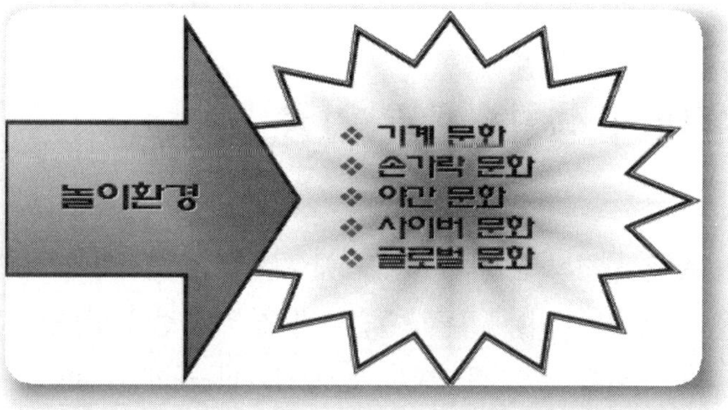

그림 1-8. 최근 유아의 놀이 환경(사이버 문화)

④ 실외놀이 부족

대부분의 유아들이 실내에서 생활하고 있다. 그 이유와 원인은 다양하다. 그러나 그 핵심에는 우리나라의 교육문화와 맞벌이 가정이라는 배경을 무시할 수 없다.

유아에게 실외놀이는 매일 섭취해야 하는 영양과도 같다. 그런데 중요하게 다루지 않는다. 최근에는 미디어에서 유아의 실외놀이를 자주 다루고 있어 다행이다. 유치원 누리과정에서도 실외놀이의 중요성을 인식한바 하루 한 시간의 권장시간을 요구하고 있다.

앞으로 우리가 유아의 건강과 발육발달에 대해 다루고자 한다면 실외놀이의 중요성을 바르게 인식할 필요가 있다.

⑤ 일상생활의 자동화

일상생활은 자동화로 인해 매우 편리하다. 그러나 우리의 하루 최소 활동량의 충족을 방해한다. 자동화는 운동량 부족이라는 중대한 문제를 안고 있다. 유아들은 하루 필요한 활동량을 충족시키는 것이 매우 중요하다. 그러나 일상의 자동화는 걷거나 움직임을 극도로 제한하고 있어 이에 대한 대안을 깊이 고민해야 한다. 이 문제는 후에 유아기 무용교육의 필요성에서 다시 다루기로 한다.

2. 유아의 생활습관과 건강

자신이 속한 사회의 문화와 규범을 배우는 것은 살아나가기 위해 반드시 필요한 조건이다. 이는 기본생활습관과 깊은 관련이 있다. 기본생활습관이란 삶의 전반을 통해 형성되는 습관으로 한 개인이 생명을 유지하거나 사회에 적응하기 위해서 유아기부터 꼭 지켜야 할 가장 기본이 되는 생활습관을 말한다(한국유아교육학회, 1999).

건강을 기본으로 하는 기본생활습관은 수면, 식사, 배변이다. 기본생활습관이 중요한 이유는 건강을 유지하고 생활을 원만히 유지하고 긍정적 자아실현에 영향을 미치기 때문이다(中泳, 2005; 박세랑, 2006; 엄세진, 2006).

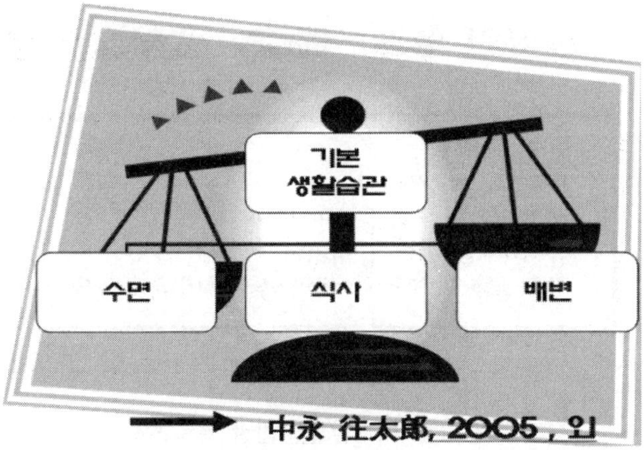

그림 1-9. 건강을 기본으로 하는 기본생활습관

기본생활의 습관이 무너져서 야기되는 여러 가지 증상들이 생활습관병이다. 이러한 생활습관병은 〈그림 1-10-1〉과 같이 물리, 생리, 사회, 문화와 같은 다양한 환경으로부터 유발된다(甲田, 2005)

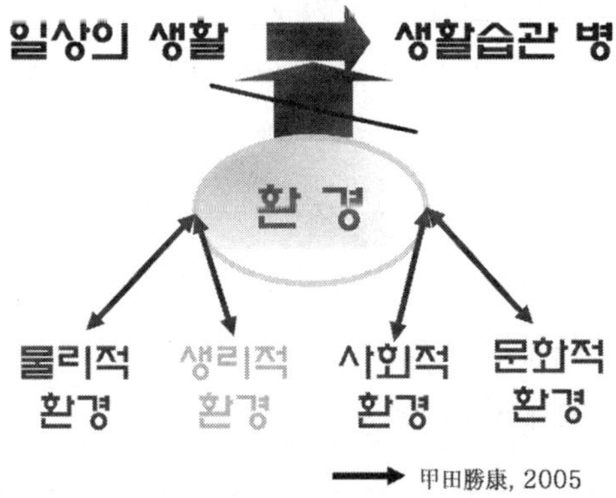

그림 1-10-1. 생활습관병과 환경

생활습관병의 발병 원인은 〈그림 1-10-2〉에 나타난 바와 같이 환경에 적응하지 못하거나 잠재능력의 퇴화, 사회변화에 대응하는 능력 감소, 음식문화의 변화로 인한 성인병과 비만, 수면습관 등의 요인과 관련이 있다(甲田, 2005).

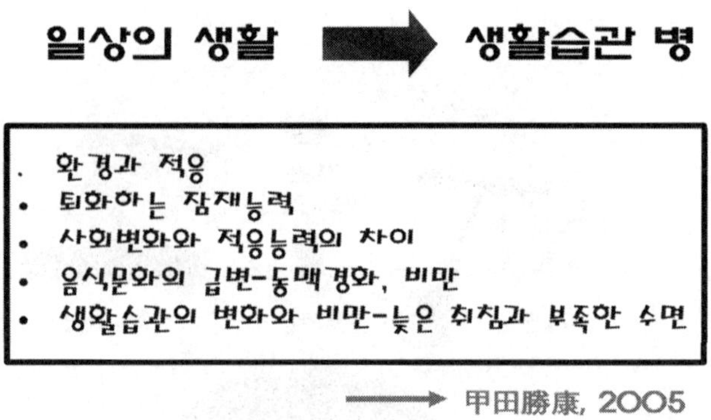

그림 1-10-2. 생활습관병 유발요인

유아기의 기본생활습관은 더 중요한 의미가 있다. 유아기의 기본생활습관은 세살 버릇 여든까지 간다는 말처럼 습관이 형성되는 시기이기 때문이다. 습관은 선천적으로 타고난 것이 아니라 환경에 적응하는 과정에서 형성된다.

표준보육과정에서도 6개 구성영역 중 하나로 기본생활영역을 포함시켜 영유아에게 기본생활습관을 교육할 것을 강조한다(여성가족부, 2007). 누리과정 역시 유아기는 평생 동안 지속될 기본적인 생활습관이 형성되는 시기임을 분명히 밝히며 질서, 배려, 협력 등 인성교육과 함께 기본생활습관을 길러주어야 함을 강조하고 있다(교육과학기술부, 보건복지부, 2013).

본서에서는 유아기에 형성되는 생활습관에 영향을 미치는 요인을 알아보고 그에 따른 문제를 해소할 수 있는 방안으로 요즈음 유아들이 안고 있는 세 가지 문제에 대해 살펴보고자 한다.

인간의 기본생활습관은 수면, 식사, 배변의 습관을 말한다. 이 세 가지 습관은 관리를 자칫 소홀하기 쉽다. 그리고 요즘 아이들의 생활을 보고 걱정이 되는 세 가지 문제는 기본생활습관과 관련이 있는 수면, 식사, 그리고 운동부족이다. 따라서 요즈음 아이들의 건강과 관련 근심스러운 문제로 생각되는 세 가지 습관을 중심으로 유아의 건강을 이야기하고자 한다.

1) 유아의 건강과 수면

먼저 요즈음 유아들은 잠자는 시간이 너무 늦다. 유아는 오후 9시에 취침을 하고 그 다음 날 아침 7시 경에는 활동을 시작하는 것이 좋다(前橋, 2016). 그러나 최근 유아들은 오후 10시를 훌쩍 넘겨서 취침하는 것이 일반적이고 그 이 후에도 자지 않거나 못자는 유아들이 많다(이정숙, 2006). 이러한 현상은 유아가 하루 일과 후 잠을 청해야 하는 시각이 건강한 생활습관 리듬보다 2시간 정도 늦어져 있다. 이처럼 취침시간이 중요한가? 라고 할 수 있지만 자세히 살펴보면 유아의 건강에 많은 영향을 미치고 있다는 것을 알 수 있다. 흔히 우리가 유아의 자각증상들을 잘 살펴보고 그 원인이 수면과 관련이 있다는 사실을 알게 되면 많이 놀라게 될 것이다. 유아기에 있어서 수면의 시간은 성장과 발달에 지대한 영향을 미치고 있는 것이 많은 연구를 통해 보고되었다. 그러면 수면시간이 부족하면 어떤 현상이 나타나는지 알아보자.

와세다대학 마에하시(前橋) 교수는 유아가 수면리듬 이상으로 수면시간이 부족하거나 올바르지 못하면 자율신경계의 이상 현상으로 주의를 집중할 수 없고, 안절부절 하며 신경질을 잘 내는 행동들을 한다고 보고하고 있다(前橋, 2012). 이러한 현상들을 유치원 교사들과 정보를 공유하는 동안 현장의 교사들에게 요즈음 유아들을 지도하는데 무슨 문제들이 있느냐고 했을 때 유치원 교사들도 공감하고 있는 현상들이다. 유치원 교사들은 최근 유아들에게서 자율신경계 이상 현상으로 나타나는 증상들이 점점 증가하고 있다고 한다. 그런데 그 이유가 이렇게 수면과 관련이 있다고 생각하지 못했다고 한다. 이러한 행동을 나타내는 것을 와세다대학 마에하시(前橋) 교수는 자율신경계의 이상 현상이라 한다.

(1) 수면의 역할

유아기는 자고 일어나기를 반복하면서 하루에 16시간 정도의 수면시간을 획득하는 습관이 형성된다. 그리고 태양이 있는 낮 동안의 생활에 익숙해지기 시작하여 체력이 생기면 수면시간이 감소한다. 그렇게 성숙하여 낮에는 잠을 자지 않아도 되는 체력이 형성된다.

인간은 원시시대부터 태양과 함께 생활을 하면서 수면과 관련한 생리적 리듬이 구축되었다. 특히, 유아기는 오후 8시경에 잘 수 있는 생리적인 리듬을 갖고 있다. 이러한 생리적 리듬에 잘 적응 할 수 있는 생활습관을 구축해 주는 것이 중요하다.

수면의 역할은 무엇일까? 수면에 대한 정확한 정의나 과정은 아직 명확하게 밝혀지지 않았다. 수면은 낮 동안의 신진대사 활동을 한 뇌가 수면을 통해서 피부를 복구하고 신경세포를 성장시키며 뇌 가동을 중지시켜 재충전하는 시간이다. 그리고 뇌에 생성된 여러 가지 독성물질들을 제거하는 역할을 한다(이예선, 탁영란 2013). 인간이 수면상태에 들어가면 신체활동이 감소하여 대사요구가 저하되면서 스트레스 반응을 감소시킨다(김수옥, 2002).

수면은 인간이 경험하는 기본적인 생리적 욕구이다. 인간의 과업성취에 필요한 명민함과 정신적 에너지와 편안함을 제공한다. 반면 체화된 수면과 각성의 리듬이 방해를 받으면 업무 수행력과 활동수준 및 평정심이 저하되고 기억력이 떨어진다. 정상적으로 수면습관을 유지하지 못하면 신체적, 행동적, 정서적 장애가 나타난다(김경덕, 2000).

(2) 수면과 자율신경계의 이상 현상

수면습관을 소홀하게 되면 자동적으로 몸을 지켜 주는 뇌 기능이나 자율신경기능이 나빠진다(前橋, 2016). 자율신경은 추운 날은 부르르 떨어 닭살이 돋으면서 근육이 수축해 몸 안의 열을 유지한다. 반대로 여름이 되면 몸을 시원하게 하기 위해 몸 안의 열을 땀을 통해 밖으로 방열하여 체온을 유지해 주는 역할을 한다. 이것은 자율신경이 우리의 몸을 지켜주고 있는 증거이며 역할이다. 그런데 수면의 리듬이 무너지면 자율신경기능의 역할 즉, 자율센서 역할에 문제가 발생하면서 스스로 몸을 지킬 수 없게 된다. 특히, 자율 체온조절의 기능이 약화되어 간다(前橋, 2016).

아기일 때는 체온이 높고 태어난 지 100일 정도 지나면 체온은 37도 정도로 내려오게 된다. 2세 정도에는 체온이 점차 36도의 범위로 안정이 되고 3세경부터는 36도의 범위에서 낮을 때도 있고 높을 때도 있는 리듬이 생긴다. 그리고 체온이 낮을 때는 수면을 취하고 체온이 36.5도 정도가 되면 건강하게 움직인다. 이것은 원시시대부터 인간이 구축해 온 신체리듬(前橋, 2016)이다.

(3) 수면 문제의 솔루션

수면리듬이 불규칙해지면, 아침밥을 먹을 수 없어 섭식리듬을 무너뜨린다. 섭식리듬의 붕괴로 에너지를 얻지 못하면 자발적이고 자주적으로 행동을 할 수 없게 된다. 따라서 오전의 활동력이 저하되면서 운동부족 현상이 나타난다. 운동부족 현상은 체온리듬과 자율신경의 조절저하를 초래하여 건강하고 쾌적한 신체 상태를 유지할 수 없게 되면서 호르몬 분비 리듬을 무너뜨린다. 이러한 상태로 오랜 시간 생활하면 아이들은 신경이 불안정해져서 예민해지고, 학업에 열중할 수 없어지면서 학력저하나 체력저하 및 정신적 문제를 유발시키게 된다.

교육의 세계에서 말하는 「살아가는 힘」은 의학 · 생리학에서 말하는 「자율신경의 기능」이다(前橋, 2016). 따라서 중요하게 생각해야 하는 것은 초등학교에 진학하기 전부터 아이들의 수면습관을 중요하게 인식해야 한다. 아울러 수면에 영향을 미치는 식사와 운동에 관한 습관도 중요하게 생각하고 잘 체크하는 것이 어른들의 역할이다. 어른들이란 부모를 비롯하여 유아교육기관 교사 뿐 만 아니라 유아에게 무용을 지도 및 교육하려는 지도자들도 이 내용을 잘 인지하고 있어야 한다. 수면이 발달에 미치는 영향을 크다는 것을 인지하였다면 수면 리듬을 잘 관리해야 하는 방법에 대한 연구와 고민도 신중해야 한다. 그러나 의외로 단순하다. 우리가 알고 있는 기본생활의 요소인 식사, 수면, 배변에 대한 올바른 습관을 유지하도록 잘 관리하는 것이며 이 관리에는 운동의 요소가 절대적으로 중요하다는 것이다. 그리고 하나의 습관이 개선되면 연동적으로 다른 요소들도 개선된다고 보고하고 있다. 따라서 발달에 중요한 수면리듬 하루 중 활동의 패턴을 잘 설계하는 것이며 수면문제의 솔루션은 적절한 운동을 적절한 시간에 적절한 양으로 실시하는 것이다. 이 문제는 뒷부분에서 좀 더 상세하게 다루기로 하겠다.

2) 유아의 건강과 식습관

아침식사는 수면으로 낮아진 체온을 높여서 몸을 따뜻하게 하는 효과가 있다. 아침식사를 충분히 섭취하지 않은 채 유치원 혹은 어린이집에 가면 오전 중의 활동을 지지할 만한 에너지가 부족하고, 뇌로 전달되는 영양부족 현상으로 집중력 부족현상이 나타난다. 따라서 성장 · 발달기에 있는 유아들이 아침을 그르고 유치원에 등원하는 현상 및 습관은 바람직하지 않다. 이러한 사실을 양육을 담당하는 부모와 교육을 담당하는 교사 및 주변 어른들이 잘 인식하고 있어야 한다.

(1) 아침식사의 중요성

유아들은 아침식사를 거르면 안질부절 하면서 집중하는 것이 어렵다는 보고가 있다. 이 연구에 따르면 일본의 경우 아침식사를 매일 먹고 있는 유아는 85%에 가까웠으며, 약 15%의 아이가 내일 아침밥을 먹지 않거나 불규칙적으로 먹고 있는 것으로 보고되었다. 이에 아침식사의 중요성에 대한 캠페인으로 유치원과 유아의 부모를 대상으로 많은 교육을 실천한 일본은 아침 식사 섭취의 정도가 호전되면서 유아의 생활습관이 개선되었다고 보고하였다.

우리나라의 경우도 유치원 교사 연수에 참석하는 교사를 대상으로 최근 유아에게서 관찰되는 걱정스러운 일에 대해 질의 한 내용으로 미루어 볼 때, 유아들의 자율이상 현상이 증가하고 있는 추세인 것으로 잠정 추정이 된다.

올바른 식습관으로 아침을 잘 먹고 등원하는 유아는 집에서 배변을 보고 하루를 쾌적하게 시작할 수 있다. 그러나 식습관의 붕괴로 아침을 먹지 않고 등원할 경우 유아는 신체컨디션이 좋지 않은 채로 유치원 혹은 어린이집에 등원하게 되므로 오전의 활동력이 저하되고 움직임이 적어지면서 체력에도 문제가 생긴다. 이는 유아교육기관 교사들과의 만남에서 아이들을 지도하는데 어려운 점이 무엇인가? 에 대한 답에서 얻은 내용과도 일치한다(이정숙, 2017). 아래 표는 유아들이 자율신경계 이상 현상으로 인해 나타나는 행동들의 예이다.

○ 힘이 없어 보이고 움직이기 싫어한다.
○ 집중력과 의욕이 없어 보인다.
○ 화를 잘 낸다
○ 체온이 낮거나 높다 (36도 미만 혹은 37도 이상)
○ 쉽게 피곤해 한다.
○ 두통을 호소한다.
○ 배가 아프다는 이야기를 자주한다.
○ 변비가 있다.
○ 밤에 잠을 잘 이루지 못한다.

그림 1-11. 수면습관의 영향, 자율신경계의 이상(前橋, 2006)

(2) 불규칙한 섭식리듬

아침에 먹는 밥은 유아들에게 원동력과 알고자 하는 욕구를 일깨운다. 또한 교육기관에서 활동하는 동안에 충분히 노는 아이는 많이 배울 수 있고 저녁식사도 잘 하고 기분 좋게 잠을 청하면서 숙면하는 가운데 생활리듬이 정리가 된다. 교육기관에서 충부한 활동을 할 수 있는 조건은 충분한 수면과 아침식사가 아닐까?

생활리듬이 안정적으로 구축이 되면 안정된 정서를 갖게 된다. 생활이라는 것은 하루의 순환으로 이루어진다. 오후에 실내에서 텔레비전을 시청하거나 사이버게임으로 신체활동이 없으면 배가 고프지 않아 저녁식사를 맛있게 먹을 수 없다. 또한 저녁 8시나 9시경이 되면 야식을 하게 되고 아직 남아 있는 에너지로 인해 취침시간이 자꾸 늦어진다. 이어 아침이 되면 밤늦게 야식을 먹었기 때문에 식욕이 생기지 않고 일어났을 때에 배가 고프지 않으므로 아침에 식욕이 없어 아침을 거르는 습관이 형성되면서 오전 중에 에너지 저하로 활동욕구, 지적욕구를 상실하는 결과를 초래한다고 한다(前橋, 2016). 이렇듯 생활의 리듬은 연속선상에 있으므로 한 부분의 개선으로도 좋은 습관을 형성할 수 있으나 한 부분의 관리 소홀로 인해 전체 건강을 무너뜨릴 수 있는 관계성을 가지고 있다.

3) 유아의 건강과 운동부족

걱정되는 세 번째 문제는 아이들의 생활 속에서 운동량이 격감하고 있다는 것이다. 예를 들어 유아의 운동을 도보 수로 확인한 보고에 따르면 일본의 경우 보육원을 다니는 5살 아이가 1985년~1987년에는 오전 9시에서 오후 4시 사이에 거의 1만 2천보 정도를 걸었다고 보고되었고, 1991년~1993년이 되자 7천~8천보로 줄어들었다. 그리고 1998년 이후로 접어들면 대략 5천보 대로 감소하였다는 보고는 80년대의 반 정도로 운동량이 격감했다는 것을 시사하고 있다. 이는 일반적으로 사회 환경의 변화와 생활패턴의 변화에서 그 원인을 찾는다. 어쨌든 중요한 점은 유아들이 많이 걸어야 한다는 것을 중요하게 인식하고 있지 않는 유아를 둘러싼 어른들이다. 이는 최근 유아들이 등원하는 방법에서도 알 수 있다. 유치원이나 어린이 집에도 차를 이용하고 있어 보수가 줄어들어 필요한 운동량을 충족시킬 수 없는 것이 현실이다. 이는 사회현싱의 총체적 연관성이라 어쩔 수 없다고 하지만 어른들의 인식에 따라 변화가 있을 수 있다고 생각된다. 사실 우리나라는 이러한 통계자료를 수집하기 쉽지 않지만 아마도 이러한 추세일 것을 추정해 볼 수 있다.

(1) 환경조건

유아들의 운동 부족의 원인을 생활환경과 운동 환경으로 구분할 수 있다. 생활환경은 안심할 수 있는 생활환경 조건을 말하는데 이는 먼저 기술했던 사회 환경적 여건과 관련하여 살펴볼 수 있다. 그 중 유아들의 가정환경에서의 조건을 살펴보면 다음과 같은 문제들을 들여다 볼 수 있다.

유아들이 귀가한 후 집에서 도대체 무엇을 하는지를 살펴보면 대부분이 과외수업을 하기 위해 학원을 다니고 있다. 우리나라 유아들의 과외활동은 3~4가지 정도의 학습을 과외로 하고 있어 유아들이 집에 들어가는 귀가시간은 취침을 해야 하는 8~9시 정도로 나타나고 있다. 이는 세계적으로도 보기 어려운 일이다. 최근 우리나라 아이들의 행복지수 OECD 국가 중 하위라는 보고에서도 이와 같은 환경이 투영되어 나타났고 그 원인이 '공부가 싫어요.' 로 나타났다.

그림 1-12. 학업으로 받는 스트레스 세계 최고
2015. 03. 11(KBS 9시 뉴스)

유아들의 놀이의 종류는 5~6세의 남자 아이는 대부분 텔레비전 등 미디어를 시청하고 여자 아이는 그림 그리기 등으로 나타나 대부분 실내에서 지내고 있다. 밖에서 놀거나 동료나 친구들과 활발하게 운동이나 놀이를 하는 아이들은 드물다.

(2) 인적조건

아이들이 생기 있게 활동할 수 있고, 가지고 있는 힘을 충분히 발휘하기 위한 조건을 생각해 보면, 마음속에 남는 어떤 것이 중요하다고 생각한다. 따라서 아이들의 마음속에 남길 수 있는 놀이가 사람과 관련한 움직임들이 되기를 희망한다.

아이들은 밖에서 몸과 마음을 움직이며 친구와 함께 시간 가는 줄 모르고 놀면 체력이 높아질 뿐만 아니라, 변화하는 외부 환경에 적응하는 능력이 생긴다. 외부의 환경에 적응을 하지 못하면 의욕이나 용기를 갖기 어렵다. 유아들이 외부에서 활동하기 위해서는 동료와의 상호작용 놀이에 몰입할 수 있고 신체활동에 대한 재미를 체험할 수 있다. 그러나 현실적으로 최근 아이들의 문제 중 하나가 같이 놀아 줄 친구가 없다는 것이다. 이러한 현실은 아이들이 건강하게 성장 발달할 수 있는 좋은 여건이 될 수 없다. 유아들이 놀이에 몰입할 수 있는 인적 조건의 긍정성 중에는 운동에 의해서 체온 조절을 할 수 있어서 자율 신경의 기능이 좋아지면서 의욕적이고 자발적으로 행동할 수 있는 힘을 기를 수 있다. 따라서 유아들에게 있어서 또래와 함께 재미에 몰입하여 운동을 할 수 있도록 권장하는 가장 적절한 시간대는 오후 3시~5시 이다. 운동의 재미나 땀 흘리는 상쾌함 혹은 사람과 같이하는 단체놀이의 즐거움에 대한 매력을 체험시킬 수 있도록 환경을 조성하기 위해 유아들에게 놀이를 할 수 있는 환경과 함께할 수 있는 아이들의 집단을 조성하는 조건을 만들어 주는 것이 중요하다.

(3) 실외놀이

유아가 운동을 위한 놀이를 하는데 제일 효과 있는 것은 낮에 하는 실외활동 운동이다. TV 매체를 통해 보았던 프로그램 중 '우리아이가 달라졌어요. 에서 밤에 잠을 못자고 괴로워하던 유아가 하루에 1시간 정도 공원을 산책한 후 이틀 만에 밤에 평온히 잠을 자는 모습을 보면서 매우 놀랐던 기억이 있다. 이처럼 실외활동은 유아의 건강 뿐 만 아니라 유아에게 올바른 생활리듬을 형성할 수 있도록 한다는 것을 알 수 있다.

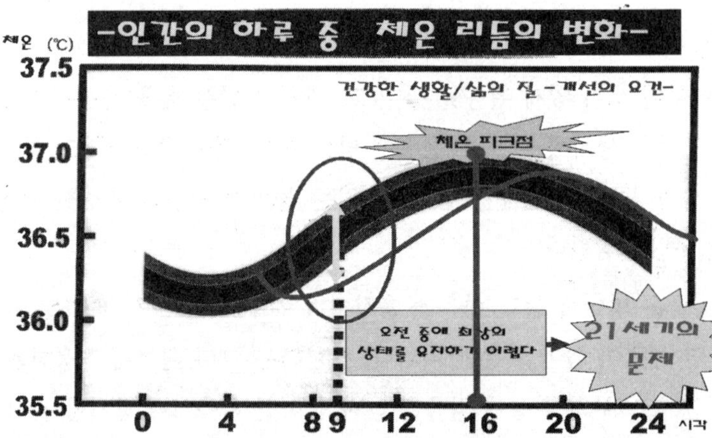

그림 1-13. 체온 리듬에서 본 활동에너지 주기

유아기는 반드시 체온리듬을 생각해서 오후 실외놀이를 소중히 하고, 그 이론을 교육프로그램에 넣도록 설계하는 것을 잊지 말아야 할 것이다. 혹, 유아를 지도하고 있는 교사라고 해도 이 중요한 사실을 모를 수 있다고 생각한다. 가끔씩 유치원 교사를 위한 강연을 하거나 유아체육, 무용교육을 위한 연수를 실시할 경우 조사한 바에 의하면 유치원 교사들도 그 중요성을 모르고 있는 경우를 발견하곤 했다. 유아들의 실외놀이는 요즘 아이들의 고민거리인 늦은 취침문제는 꽤 해결될 것이며 몸을 대낮에 움직이고 태양빛을 받아들이는 것만으로도 아이들은 상당히 건강해질 것이다.

〈그림 1-13〉에 표시한 것과 같이 유아가 태양 빛을 받아들이면서 운동하기 적절한 시간은 오후 3시 전후이다(前橋, 2006). 따라서 낮잠을 자고 난 뒤에 텔레비전이나 스마트폰에 열중하는 아이에게는, 꼭 바깥에서 놀 수 있는 환경으로 바꾸어 줄 수 있으면 좋겠다.

3. 21세기와 유아기 무용교육

무용은 신체를 움직이는 활동이다. 따라서 유아들의 건강과 관련하여 볼 때 의미가 있는 활동이다. 요즈음 유아들은 신체활동 부족으로 인한 신체적, 정신적 문제가 다양하게 보고되고 있다. 도시의 산업화, 공업화, 정보화 등의 시대변화에서 유발되는 문제점과 핵가족화와 여성취업률의 증가가 생활의 패턴을 많이 변화시키고 있고 먹거리에도 많은 변화가 초래되어 성인은 물론이지만 유아들의 건강을 장, 단기적으로 위협하고 있는 실정이다.

우선 유아들의 건강을 위협하는 요인으로는 다양한 변인들이 있겠으나 신체활동 부족, 음식섭취, 무너지는 생활리듬 등을 들 수 있다. 그 가운데 우리가 자칫 관심을 소홀하기 쉬운 유아의 생활리듬을 살펴보면 우선 9시경에는 취침을 하고 있어야 함에도 불구하고 오후 10시 이후에도 부모와 함께 다니고 있는 유아를 볼 수 있다. 그리고 다른 한 편으로는 엄마를 기다린다든지, 늦게 퇴근한 부모와 놀기 위해서 텔레비전이나 비디오를 밤늦게까지 보거나 게임을 하기 때문에 취침시각이 늦어지는 것(이정숙; 2004, 2005)이 요즈음 유아들의 생활이며 부모들은 이를 당연하게 받아들이고 있는 것이다. 이로 인하여 다음날 아침, 피로를 호소하고, 아침에 겨우 일어나서 식사도 충분히 섭취하지 않고 등원하고 있어 유아의 정상적인 생활리듬이 무너지고 있어 유아들의 건강이 염려된다(이정숙, 前橋 : 2004, 2005, 2016).

1) 21세기와 무용교육의 기능

21세기 무용은 무대예술의 범위를 벗어나 일상생활 속에서 시간과 장소를 넘어 인간의 생활리듬과 같이 할 수 있는 특성이 필요하다. 이는 지금의 무용학 전공자들이 고민해야 하는 21세기 무용교육의 기능이 아닐까 생각한다.

무용은 인간의 건강에 긍정적 영향을 미치고 있는가? 무용이 인간의 건강에 긍정적 영향을 미치고 있다면 건강관련 허브 네트워크에서 중심적 역할을 할 수 있기 때문이다.

21세기는 광범위한 네트워크로 통합과 융합을 시도하고 있고 인간 삶의 질과 관련한 허브는 건강이다. 그렇다면 질병, 의학, 건강, 체육, 무용, 테라피, 치료사 등이 그 네트워크와 연결고리가 형성된다. 따라서 21세기의 무용의 기능은 삶의 질과 관련하여 건강허브의 중심이다.

21세기에 있어서 무용의 역할에 대한 키워드

➡ 건강, 의학, 치료, 여가, 삶의 질 문화, 예술, 상담

그림 1-14. <이은선의 Will you join us> 중에서

이 관점으로의 사고전환이 지금의 21세기를 담당하는 무용인들의 중대한 몫이 아닐까 한다. 이러한 패러다임에 대한 준비야 말로 무용이 미래사회에서 중요한 역할을 하는 학문으로 혹은 전문인으로서의 정체성이 구축될 수 있을 것이다. 왜냐하면 지금의 21세기 사회는 모든 질병이 운동부족에서 비롯되고 있지 않는가? 아래 그림은 과잉으로 인해 나타나는 현상들이다.

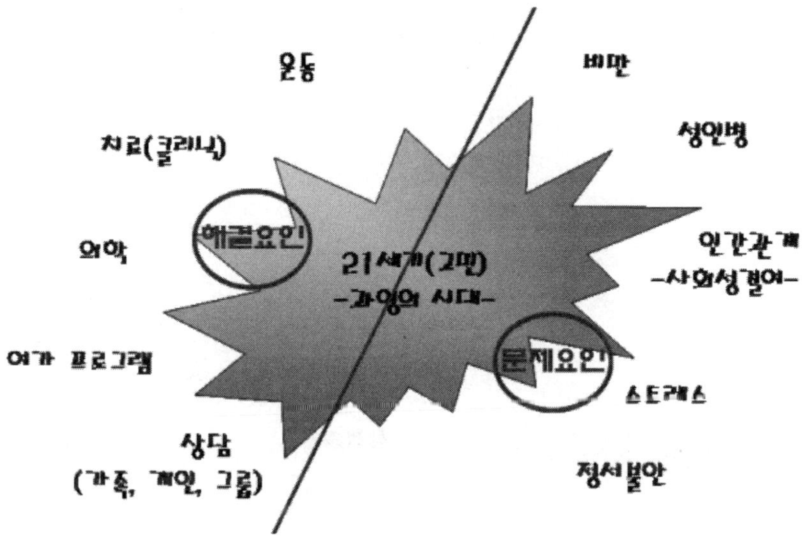

그림 1-15. 21세기의 고민-과잉의 시대

과잉은 비만, 성인병, 사회성 결여, 스트레스, 정서불안을 유발한다. 또한 이러한 과잉을 해결하기 위한 수단으로는 적절한 운동적 요소가 필요하다. 따라서 과잉에 의해 나타나는 문제의 해결요인으로 무용의 기능이 필요하다.

21세기는 무용이 예술과 문화의 영역과 더불어 인간의 심신을 지키는 수호적인 역할을 할 수 있는 비중 있는 허브로 거듭날 수 있는 준비와 연구 및 노력이 필요한 때이다.

2) 유아기 무용교육의 필요성

21세기는 고도의 문명발달로 인해 인간의 생활이 매우 편리해졌다. 반면, 생활의 편리함은 수명의 연장과 인간의 삶의 질은 높이고 있으나 한편으로는 신체적 정신적으로 많은 문제를 야기시키고 있다.

최근 유아의 발달환경을 다음과 같이 정리해보았다. 앞서 배경을 기술하였지만 유아기 무용교육의 필요성에서 다시 한 번 강조된다. 먼저 무너진 생활습관을 비롯하여 사회적 배경인 맞벌이 부부, 외톨이, 놀이문화 및 운동부족이나 식습관 등이 현재 육아의 배경이다. 이러한 배경은 유아의 몸과 마음에 영향을 미친다.

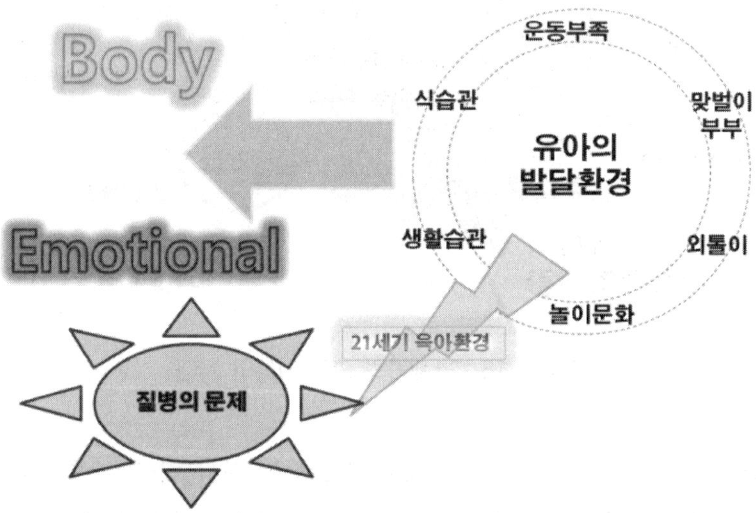

그림 1-16. 유아기 무용교육의 필요성

현재 우리는 지능과 학력위주 사회로 인해 유아기부터 시작해서 활발한 신체활동보다 셔틀버스를 타고 학원을 바삐 다니는 모습이 요즈음 유아나 학생들의 일상이다. 이는 현 사회의 대학입시와 조기교육 의 열풍이 만들어 낸 결과일 것이다 그 다음으로 고도의 문명사회가 제공한 편리하고 쾌적한 환경이 비활동적 생활패턴이라는 라이프 스타일(Life Style)을 만들면서 성인병, 환경병, 생활습관병이라는 커다란 과제를 안겨주었다.

우리나라의 경우는 노령인구의 증가 추세가 세계 1위의 수준에 이르고 있는 현실과 아래 〈그림 1-17〉에 나타난 바와 같이 출산율 감소 또한 세계 수준에 이르고 있다. 이러한 현실은 과잉보호와 개인주의 경향과 사회성 결여와 같은 커다란 변화들로 나타날 전망을 예측해 본다.

대한민국 인구 피라미드 변화(유아의 수 감소)

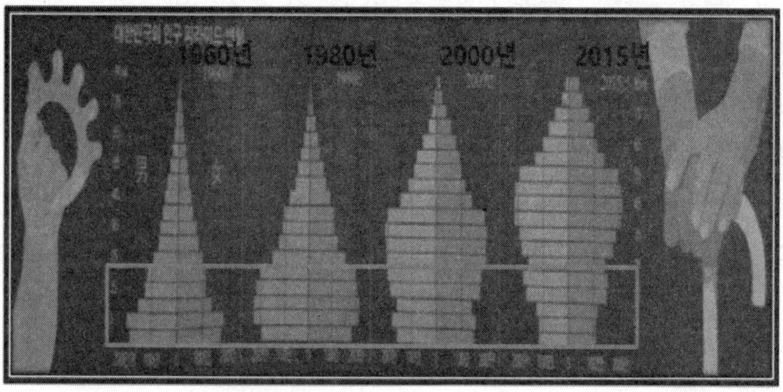

그림 1-17. 대한민국 인구피라미드의 변화(2016, 조선일보)

21세기 사회가 안고 있는 이 모든 요소들의 공통점은 '과잉'이라는 용어로 집약되는 듯하다. 이 '과잉'은 스트레스와 성인병이라는 문제를 수반하게 된다. 그러므로 지금의 사회적 환경에 적응하고 인간이 삶의 질을 높여서 풍요로운 사회와 더불어 살아가기 위해서는 개인의 건강과 안전한 삶을 위한 대안들이 필요한데 그것이 바로 적극적인 신체활동이다.

과거와 달리 신체활동을 의도적이고 적극적으로 해야 하는 것은 예전에는 생활 자체가 적극적인 신체활동이었으나 지금은 스스로 이를 위해 열심히 노력해야 한다는데 있다. 그렇지만 편이성에 길들여진 사람들은 많이 어려워하고 있다. 이러한 배경에 미루어 볼 때 유아들이 많이 움직이고 움직임의 즐거움을 체험할 수 있는 기능으로 무용의 중요성이 강조된다.

3) 유아기 무용교육의 역할

유아는 가장 왕성한 인격 형성기에 있다. 그리고 유아는 생물학적 발달이 정상적으로 이루어지고 있다면 끝없이 움직이고 싶어 한다. 이러한 움직임을 통해 신체의 움직임을 제어하고 숙련하는데 이 과정에서 신체적, 정신적, 감정적 발달을 도모한다.

유아에게 있어서 신체활동의 역할은 움직임의 기능과 두뇌를 발달시킨다. 〈그림 1-18〉의 스카몬의 발달곡선(1952)에 따르면 이 시기는 지능발달의 결정적 시기이기 때문이다. 아래 그림에 의하면 영유아인 0세에서 8세에 두뇌발달과 관련 신경계형의 발달곡선이 다른 영역에 비해 발달이 현저하다. 이는 유아기에 뇌, 신경계 발달이 급속하게 발달한다. 따라서 이 시기 뇌 발달에 영향을 미치는 신체감각을 활용하는 다양한 움직임 활동을 적극적으로 지원시키는 것이 필요하고 중요하므로 유아무용의 역할은 중요하다.

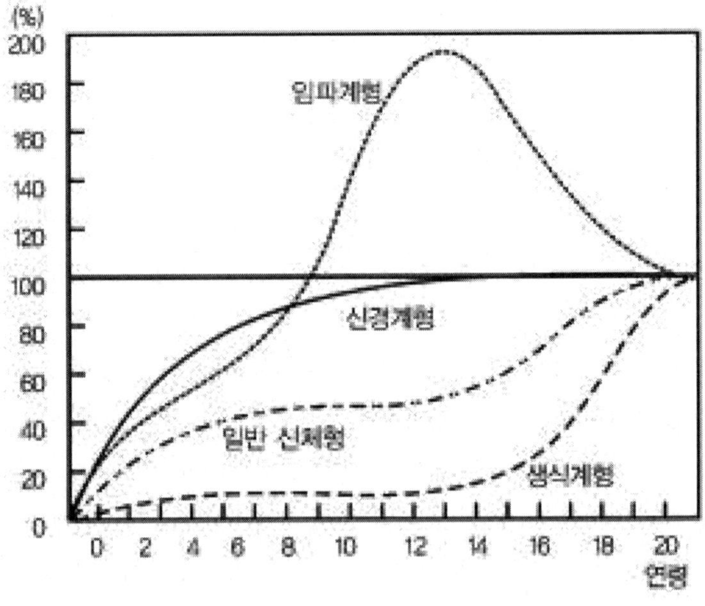

그림 1-18. 스카몬의 발달곡선

육완순(2010)은 유아에게 무용교육이 필요한 이유를 다음과 같이 설명한다.

첫째, 무용교육은 감성적 지성과 이성적 지성이 분리되지 않고 균형 잡힌 인간으로 성장하고 신체, 음, 색, 이미지를 통한 다각적 인지능력을 기르게 한다.

둘째, 무용교육은 감성을 연결하고 교합할 줄 아는 창조적 인간으로 성장하게 하고 개성존중을 기반으로 한 상상력과 창의성을 개발한다.

셋째, 무용교육은 자신과 다른 사고와 행동을 이해하는 문화시민으로 성장하게 한다(한국무용교육학회, 2004)고 하였다. 그러므로 유아의 발달 특징에 맞는 적절한 무용교육을 위해서는 추상적이고 인지적인 측면을 강조하는 학습보다는 경험과 직접적인 활동을 통해 학습하는 것이 중요하다는 것을 인지해야 한다.

생각할 문제

문제1

유아기 스마트폰 중독 '비상'

문제2

유아건강 슬로건

<"아침밥, 30분 신체활동, 9시전에 취침">

part 2
유아기의 발달

유아기라 함은 영아기를 벗어난 아이에서 공교육을 받기 전 2세말에서 6세까지로 초등학교 들어가기 전까지의 시기에 있는 아이를 총체적으로 일컫는 말이다(이영·조연순, 1997). 이 시기의 유아는 논리적이지는 못하지만 이야기를 많이 하고 움직임이 많으며, 자기주장이 강하고 스스로 계획을 수행하는 등 활동성이 매우 강하게 나타나며, 자율적이고 독립적인 존재가 되어간다.

학령 전기인 5~6세의 아동은 기억능력이 증가하고, 사고의 폭이 넓어지며, 언어를 습득하여 다른 사람과 의사소통을 할 수 있다. 또한 이 시기에 유아는 유치원에 입학하면서 그 동안 가족으로 한정되어 있던 접촉의 대상이 친구와 같은 가족 외의 사람들로 확대된다(손홍숙, 2008).

유아기는 신체 발달이 최고로 발달하는 시기로서 운동기능 발달을 위한 이상적 시기이기도 하다. 이 시기의 유아는 뼈의 상태가 경골화 이전 단계로 몸이 유연하고, 호기심과 모험심이 강하며, 감수성이 예민할 뿐만 아니라 비교적 충분한 시간적 여유가 있기 때문에 다양한 기능의 학습이 용이하다. 이 시기의 아동은 놀이가 생활의 전부라 해도 과언이 아니다. 아동은 또래들과의 놀이를 통하여 분배 · 협동 · 정직 · 자기감정의 통제 · 단체의 규칙 준수 등의 사회적 태도가 형성되고, 자기중심적 사고방식에서 점차로 타인을 존중하는 쪽으로 바뀌게 된다. 놀이의 수행을 통해서 얻어지는 성취감, 만족감 등은 유아기의 자아 개념 형성에 중요한 역할을 한다(김명사, 2013)

1. 유아기 발달의 특징

발달이란 개인이 원하는 바를 충분히 해 낼 수 있도록 조직적이고 전문화된 기능과 능력을 이끌어 내기 위한 지속적인 변화의 과정을 말한다(Trmiras, 1972). 또 한편으로는 태어나서부터 사망에 이르기까지 신체적 기능이나 심리적 기능에 지속적으로 일어나는 변화이다(조복희, 2003).

발달에는 계획된 순서에 따라 체계적으로 일어나는 예측할 수 있는 키, 몸무게, 습득한 단어의 수 등과 같이 양적인 변화와 감성적인 능력, 인지특성과 같은 질적인 변화로 구분하고 있다. 특히, 운동의 발달은 변화의 진행이 간단한 것에서 고도로 조직화되고 복잡한 운동기술로 변화되는 것을 의미함과 동시에 넓은 의미로는 노년기에 필요한 기술의 순응까지를 포함한 지속적이고 순차적이며 나이와 관계되는 움직임 변화의 진행과정이라 할 수 있겠다. 따라서 발달은 신체의 성장기에만 국한되는 것이 아니라 일생을 통해 진행되는 것을 의미한다. 그리고 발달에서 중요한 것은 특정 기능의 변화는 다른 기능의 변화도 수반하므로 영역 간 상호작용적, 누적적인 것이라 할 수 있다.

1) 유아기 발달의 원리

유아기의 발달에는 일련의 원리가 적용되는네 그 원리는 다음과 같다.

(1) 발달은 일정한 순서에 따라 이루어진다.

발달의 방향은 중심에서 말단의 순으로 이루어진다. 먼저 발달은 머리에서 꼬리(미추) 방향으로 발달한다. 이 원칙에 의해서 유아들은 척추의 발달에 따라 신체가 움직일 수 있는 기능과 기술을 발달시켜 나간다. 유아들은 먼저 목을 가누고 뒤집기를 한 후 엎드리기를 한다. 그 다음으로 배밀이를 하고 기어 다니다가 앉고 일어서기를 하는 일련의 순서가 있다. 그 다음 원칙으로는 몸의 중심에서 말단으로 기능 및 신경이 발달해 나간다. 또한 몸을 지탱하고 있는 가슴, 등, 배의 근육들이 먼저 발달을 하고 그 다음으로 몸을 이동시키기 위해 사지의 근육들이 발달되면서 다양하고 구체적인 행동들이 나타난다. 마지막으로 발달은 대근에서 소근의 순서로 발달된다. 유아는 먼저 이동할 수 있는 기능을 다루는 근육인 대근육이 발달한 후 기술적 조작과 관련 있는 소근육의 발달로 이어진다.

(2) 발달의 속도는 일정하지 않다.

우리의 신체는 출생과 동시에 계속적이고 지속적으로 변화되면서 발달하고 있다. 이와 같이 계속성의 원리에 의해 생명체는 유지되고 있는 것이다. 그러나 성장의 속도가 요소마다 항상 일정하지 않고 발달 단계에 지배를 받는다. 즉, 유아기는 체격과 뇌의 발달이 두드러지면서 스카몬의 발달곡선 중 신경계의 발달곡선이 선명하게 나타나고, 청소년기는 체격, 체력 및 심리적인 변화가 급격히 나타나면서 스카몬의 발육곡선에 따르면 임파계형의 발달이 최대를 이룬다. 그리고 청소년 후기 또 청년기에는 2차 성징의 발달에 따라 생식계형의 발달속도가 빨라진다. 이처럼 발달은 발달단계마다 각 요소별 발달의 속도가 다르므로 그 속도의 특성을 잘 파악하고 발달에 기여할 수 있는 학습을 제공할 수 있는 환경구성이 발달에 많은 영향을 미칠 것이다.

(3) 발달은 성숙과 학습에 의해서 이루어진다.

발달은 생물학적, 유전적인 성숙의 요인과 교육 또는 환경 및 경험에서 얻어지는 학습의 요인의 결합체의 결과라고 할 수 있다. 유아의 발달에 기여하는 첫 번째 환경은 부모이다. 따라서 유아기 즉, 3세 이전까지는 부모의 역할이 매우 중요하다. 그 다음으로 주변의 다양한 환경이 발달에 기여하게 되는데 그 가운데 가장 밀접한 영향을 미치는 유치원 혹은 어린이집과 그 외 다양한 곳에서 유아를 지도하고 있는 현장 교사일 것이다.

유아의 성장 발달에 환경이 매우 중요한 요인이라면 유아를 지도하는 교사의 역할은 발달에 기여하는 비중이 크며 매우 중요한 역할자라고 할 수 있다. 최근 유아의 발달 사례에서 조기 교육의 열풍으로 지역에 따라 유아들의 발달의 상태가 뚜렷이 구별되고 있는 점은 이를 잘 말해주고 있는 현실적 사례일 것이다.

(4) 발달에는 개인차가 있다.

인간의 발달은 연령에 따라 평균적으로는 발달의 폭이 잘 나타나지만 이러한 발달의 속도와 순서가 모두 동일한 시점에서 동일한 속도로 이루어지지는 않고 개인에 따라 발달의 기준점이 각각 다르다. 이를 발달에 있어서의 개인차라고 한다. 예를 들어 유아를 대상으로 교육기관에서 수업을 진행하다 보면 운동발달이나 언어발달에 많은 차이를 보이는 것을 볼 수 있을 것이다. 그러나 얼마의 시간이 지난 후 발달의 차이가 줄었든지 아니면 더 많이 발달 한 경우가 종종 있다. 이렇듯 발달은 항상 같은 주기에 동시에 일어나는 것이 아니라 개인이 처한 많은 변수에 따라 차별적으로 일어난다.

2. 유아기 발달영역

1) 신체발달

신체발달은 신체기관이 양적으로 커지고 구조가 정밀해지며 기능이 능률적이고 세분화 되어 가는 과정이다. 특히 출생에서 유아기까지 신체의 성장은 놀라운 속도로 진행되는데 신장과 체중의 성장 외에 골격과 근육, 중추신경계 등의 신체 내부적 발달도 급속도로 이루어진다(정옥분, 2003).

유아기는 신체의 발달이 신체의 크기, 기능, 구조를 서서히 변화시키면서 성장발달을 하는 시기지만 신체의 각 부분이 동시에 같은 속도로 발달해 가는 것은 아니고 부분적으로 발달하는 특징이 있다(平井, 1996: 김근영, 1999).

유아기에 있어서 신체발달은 다른 발달 단계에 비해 중요성이 강조된다. 이 시기는 신체활동의 능력에 따라 유아가 새로운 행동을 형성하고 새로운 경험을 촉진하여 타인과의 반응 역할에서 뿐만 아니라 자아개념의 형성에도 영향을 미친다(김경중 외, 2003).

유아기의 신체발달에 있어서 몇 가지 중요하게 다루어야 하는 내용은 다음과 같다.

첫째, 신경계와 근육 및 뇌의 정상적인 발달은 새로운 행동 유형을 형성한다.

둘째, 자율신경과 괄약근의 발달은 유아의 대소변 훈련을 가능하게 한다.

셋째, 소근육과 대근육의 기능 발달은 물건을 잡을 수 있다든지 걷고 균형을 잡을 수 있게 해준다.

넷째, 신경계와 뇌의 발달은 주위 상황을 지각하고 다른 사람의 감정을 이해하는 능력의 발달을 가져옴으로써 새로운 행동을 가능하게 한다.

다섯째, 운동기능의 향상은 신체활동의 종류와 내용을 변화 또는 증가시킨다.

앞에 제시된 신체의 발달유형이 적절한 시기에 일어나지 않으면 신체적 문제를 수반하게 되어 발달이 지연되므로 적절한 시기에 적절한 학습할 수 있는 기회를 상실하게 된다.

(1) 형태적 성장

유아기의 신체적 성장은 아래 이정숙(2006)의 유아의 연령 별 체격발달 추이에서 나타나는 바와 같이 영아기에 비해 급속하지는 않으나 꾸준한 성장을 보이며 팔, 다리가 자라면서 균형 있는 체형을 이루게 되는 시기이다.

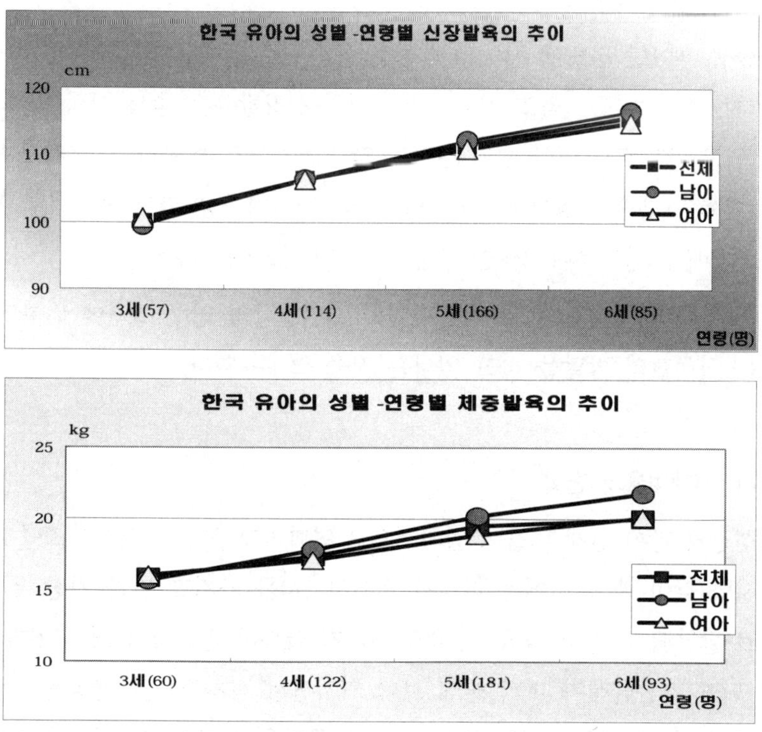

그림 2-1. 유아의 연령 별 체격발달 추이(이정숙, 2006)

유아기는 팔, 다리가 급속히 성장하면서 머리의 비율이 줄어들면서 신체의 균형이 서서히 잡혀가는 시기이지만 남, 여 성별은 뚜렷하지 않다(조복희, 2003). 유아기에 효과적인 성장을 도모하기 위해서는 충분한 영양공급과 규칙적인 생활습관은 물론이고 사고와 질병으로부터의 보호가 필수적이다.

유아기에 신장과 체중에 영향을 미치는 요인 중 가장 영향력 있는 것은 유전적 배경, 영양, 건강관리이다(정옥분, 2003). 또한 이 시기는 신체비율의 변화 역시 성장 속도에 의해서 극적으로 변하게 되는 시기이다. 유아의 골격은 빠른 속도로 경골화 되어가고 팔과 다리의 뼈는 성장함에 따라 더 길어지고 단단해지는 시기이다(김근영, 1999). 유아의 근 조직의 발달은 5~6세가 되면 근 섬유의 굵기가 증가하고 근력도 증가하게 되어 근육이 체중의 75%를 차지하게 된다. 유아기의 근의 발달은 자발적인 움직임의 증가를 동반하여 운동기능의 발달로 이어진다(김근영, 1999).

가. 신장과 체중

출생 후 1년 정도에 신체의 성장은 급속도로 일어난다. 따라서 이 시기를 제 1성장 급등기라고 한다. 이 시기의 신장발육은 출생 시의 약 1.5배가 되고 2년 후가 되면 성인 신장의 약 1/2 정도로 발육한다. 그리고 체중의 발육은 생후 3~5개월이면 출생 시의 약 2배가량 되고 생후 1년 경이 되면 3배에 가까우며 2세경 즈음에는 4배 정도에 달한다.

위에 나타난 이정숙(2006)의 유아의 체격발달의 연구 결과에 의하면 유아는 직선형의 발달을 하고 있다는 것을 알 수 있다.

나. 신체비율의 변화

성장과 함께 신체 비율이 점차적으로 변화하게 되는데 다음 〈그림 2-2〉에서와 같이 출생 시에는 머리가 전신의 1/4를 차지할 만큼 가장 우선적으로 발달되어 있다. 출생 후 팔과 다리가 급속히 발달하며 생 후 6개월경이 되면 가슴둘레가 머리 둘레 보다 커지면서 점차적으로 균형을 잡아가면서 유아기가 되면 어느 정도 신체가 균형을 이루어 속도를 내며 달릴 수 있을 정도가 된다.

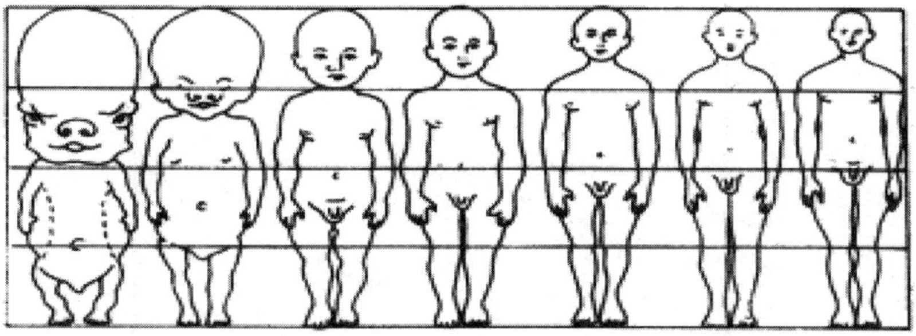

그림 2-2. 신체의 비율

(2) 뇌의 발달

유아기의 신체발달에서 뇌의 성장은 매우 중요한 부분이다. 스키몬의 발육곡선에서 알 수 있듯이 두뇌성장 곡선(신경계 곡선)이 영아기에는 신장이나 체중의 곡선보다 더 급격하게 성장하는 것을 알 수 있다.

태어날 때 성인의 25%인 350g에 불과하던 뇌는 생후 1년 만에 1000g에 도달할 정도로 전반적으로 급격하게 성장하게 된다. 뇌의 각 부위의 발달 속도는 달라서 출생 시에는 각성, 반사기능, 소화, 호흡, 배설 등 주로 생물학적 기능을 담당하는 뇌간과 중뇌가 주로 발달한다. 6개월경에는 피질부의 감각영역과 운동영역의 발달이 이루어지고 이를 통해 의도적인 운동이 가능해지면서 생득적인 반사는 사라지게 된다.

뇌의 신경세포 회로는 만 3세까지 일생을 통해 가장 활발하게 발달한다. 다른 시기와는 달리 고도의 정신활동을 담당하는 대뇌피질을 이루는 전두엽, 두정엽, 후두엽이 골고루 발달한다.

전두엽은 인간의 종합적인 사고를 담당하는 곳으로 3~6세 사이에 집중적으로 발달한다. 따라서 이 시기에 예절교육, 인성교육이 다양하게 이루어져야 예의가 바르고 인간성이 좋은 아이가 될 수 있다. 6세 이후부터는 언어기능, 청각기능을 담당하는 곳인 측두엽과 공간과 입체적인 사고기능을 담당하는 두정엽이 발달한다. 따라서 유아는 6세 이후가 언어교육의 적기라고 할 수 있다(우남희, 2002).

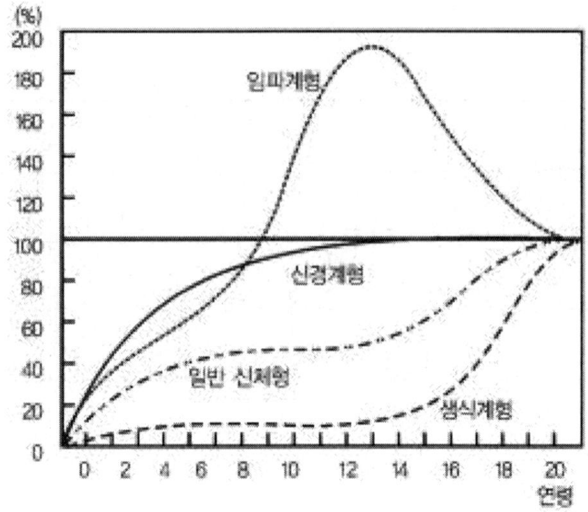

그림 2-3. 스카몬의 발육곡선

뇌의 발달을 이루는 신경세포는 출생 후 약 1년 동안 하나의 신경세포가 십만 이상의 다른 신경세포와 연결된다. 신경세포들이 화학적 길을 다른 신경세포의 수상돌기와 세포체에 연결되는 부분과 연접을 만든다. 그리고 환경적 자극은 신경세포를 흥분시키는 원인이 되어(Kalil, 1989) 신경계 발달에 기인한다. 그리고 2~8세 사이에 좌뇌와 우뇌를 연결하는 뇌량의 수초화가 이루어지면 두개의 반구 간에 정보교환과 협응이 원활해지면서 두 반구간의 협응에 의해 여러 가지 운동기술을 습득하게 된다.

유아기의 건강한 신체의 발달은 유아의 운동기능을 원활하게 하고 자신감 및 사회적 관계를 형성하는데 영향을 미친다. 이러한 상호작용은 결과적으로 유아의 사고 및 인지발달에 영향을 미치게 된다.

2) 인지의 발달

인지(cognitive)란 감각과 지각 그리고 사고를 통하여 정보를 획득하고 저장하며, 저장된 정보를 인출하여 사용하는 정신과정으로 기억, 지능, 학습, 상상력, 문제해결력, 추리능력, 창의력 등이 포함된다. 피아제는 성장 과정 중에 아동의 인지가 어떻게 발달하는가에 대해 연구함으로써 아동발달 이론과 실천적 연구에 지대한 영향을 주었다. 피아제의 인지발달은 크게 4단계로 구분된다. 즉, 감각운동기(Sensory motor stage), 전조작기(Preoperational stage), 구체적 조작기(Concrete operational stage), 그리고 형식적 조작기(Formal operational stage)로 나뉘며 각각의 단계는 질적으로 다른 특성을 지닌다. 유아기는 피아제의 인지발달 이론에서 전조작기에 해당하는 시기(2~6세)이며, 이 시기에 나타나는 인지적 사고의 특징은 다음과 같다.

(1) 정신적 표상

이 시기의 아동들은 개념적 조작능력이 충분히 발달되어 있지는 않지만 정신적 표상에 의한 사고기능이 가능해진다. 그림에서 보는 바와 같이 6세 여자는 자신의 내면에 표상되어 있는 공룡이라는 대상을 점토로 표현해 낼 수 있다. 이 시기의 아동들은 언어사용 능력이 급속히 발달하고 표상에 의한 상상력이 풍부해져서 현실에 존재하는 대상보다 유아 내부에서 만들어 낸 정신적인 표상을 대상으로 가상놀이나 상징화 활동이 증가한다.

유아의 표상에 의한 상징놀이를 환경적으로 조작, 조장 해 주는 것은 유아의 발달을 조장하는 중요한 일이므로 유아가 내부의 정신적인 표상을 그려낼 수 있는 환경을 구성하는 것이 필요하다.

상징놀이는 현실에 존재하는 대상보다 유아 내부에서 만들어 낸 정신적인 표상을 대상으로 노는 놀이라 할 수 있다. 따라서 유아기는 다양한 환경에서 생각을 많이 할 수 있는 여건을 조성해 주는 것이 필요하며 이러한 환경 속에서 유아의 창의성이 발달하게 되는 것이다. 따라서 유아의 상징놀이를 환경적으로 조작, 조장 해 주는 것은 유아의 발달을 조장하는 중요한 일이므로 유아가 내부의 정신적인 표상을 그려낼 수 있는 환경을 구성하는 것이 필요하다. 이러한 환경을 유아무용에서는 스토리를 활용한 무용 수업을 통하여 유아의 내면적 표출행위를 유아무용 교사가 신미감과 호기심을 활용하여 학습 환경을 구성함으로써 유아의 신체발달과 함께, 창의성 발달을 꽤할 수 있는 것이다.

상징놀이 중 대표적인 것으로 소꿉놀이나 의사놀이 등이 있다. 이러한 놀이를 통해 아동은 새로 획득한 도식을 연습하고 강화한다. 놀이는 또래들의 참여와 상호작용을 유도하며 주의, 기억, 논리적 추론, 언어와 문해력, 상상력, 창조력, 자신의 행동을 통제하고 다른 사람의 관점을 조망하는 능력을 포함하는 다양한 정신적 능력을 강화시킨다.

그림 2-4. 6세 여아의 점토로 만든 공룡

(2) 자기중심적 사고

자기중심적 사고란 세상의 모든 사물을 자신의 입장에서만 보고 판단하고 다른 사람의 입장을 고려하지 않는 것이다.

그림에서 아동이 집안에 있는 사물들이 집 밖에서도 보이도록 그린 것처럼 아동은 세상을 정신적으로 표상할 때 자신의 관점에 초점을 두는 경향이 있다. 또한 자신이 하는 것과 같은 방식으로 타인의 사고, 감정을 단순히 추정하는 경향이 있다. 따라서 자기중심적인 유아는 남들도 자기와 같이 생각한다고 믿기 때문에 타인의 관점이나 감정을 이해하지 못한다.

자기중심성은 이 시기의 아동들이 물활론적 사고-무생물이 사고, 소망, 감정 같은 살아있는(생명체의) 특성을 가진다는 믿음을 갖게 한다. 이 시기는 모든 물체가 인간과 마찬가지로 숨 쉬고 아픔을 느끼고 자란다고 믿는다.

자기중심적 사고는 보통 7세 이후에 탈피하여 타인을 생각하는 사고로 전환된다. 이 시기의 유아는 자신의 사고와 느낌으로 가득 차 있어 다른 사람이 말하는 것에는 관심이 없고, 다른 사람이 필요로 하는 정보에 무관심하다. 따라서 이 시기의 유아를 자신의 세계에서 끌어낼 수 있는 모방과 흉내 그리고 연상놀이 등 몸으로 익히며 학습하는 표현학습이 효과적이다.

그림 2-5. 6세 여아의 집 그림(투시도)

물활론적 사고는 이 세상에 존재하는 모든 물체에는 생명이 있다고 믿는 유아의 대표적인 사고이다. 이 시기는 모든 물체가 인간과 마찬가지로 숨 쉬고 아픔을 느끼고 자란다고 믿는다. 따라서 무생물과 생물의 구분이 안 되는 사고를 물활론적이라 한다.

물활론적 사고는 전조작기에 나타나는 것으로 원인과 결과에 대한 해석을 유아의 개인적 사고로 해석하게 된다. 따라서 특정 사실에 대한 원인과 결과에 대한 추론이 4세와 5세경의 유아에게는 쉽지 않은 과제라는 것을 알 수 있다.

따라서 물활론적 사고기에 있는 유아의 학습은 다양한 교구를 학습에 도입시키고 이를 표현활동으로 연계하는 것이 중요하다. 따라서 이 시기는 다양한 소품을 활용한 무용학습을 통해 자신의 내부에 있는 내적 사고를 적극적으로 표출함으로써 언어발달과 창의성 발달은 물론이고 신체발달에도 효과적이라 할 수 있다.

그 외 인공론적 사고를 한다. 이 사고는 세상의 모든 물건들은 사람의 필요에 의해서 사람을 위해서 만들어졌다고 믿는 사고방식을 말한다. 따라서 이 시기의 유아들은 하늘도 사람이 필요해서 지붕으로 만들었고 비가 오면 지붕에 문제가 있다고 생각하기도 한다. 그리고 매우 더운 여름날은 오늘은 해가 두 개 나타났다고 생각할 수 있는 사고적 발상도 유아의 사고특징에서 그 원인을 찾아볼 수 있다. 이처럼 유아들만이 생각할 수 있는 다양한 사고적 표현의 일례들이 시사하는 것은 '유아는 항상 창의적인 사고로 생활하고 있다는 것' 이다.

(3) 직관적 사고

이 시기에 접어들어 있는 유아는 사물에 대한 정확한 판단이 아직 미흡하다. 그들의 이해는 한 가지에 집중되어 있으며 다른 중요한 특징은 무시하고 상황의 한 측면에만 초점을 맞춘다.

예를 들면, 아래 〈그림 2-6〉과 같이 동일한 양의 물임에도 그릇의 모양(하나는 높이가 길고, 다른 하나는 높이는 짧지만 넓은 그릇)에 따라 물의 양이 변한다(높이가 긴 그릇에 담겨있는 물이 더 많다고 생각)고 생각할 수 있다.

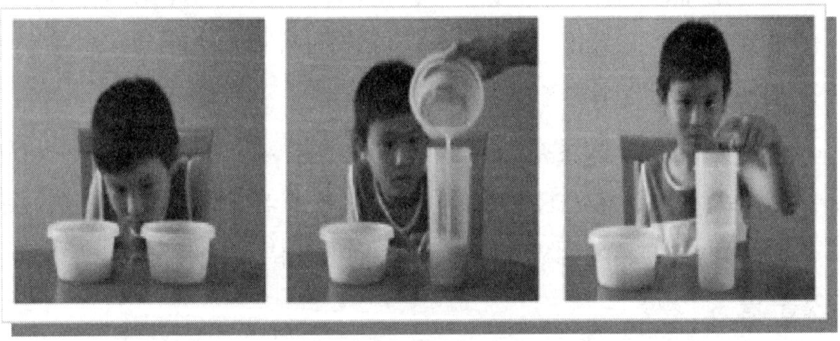

그림 2-6. 직관적 사고의 실험

다시 말해 아동은 물의 높이에 집중하고 외형에 따라서 양은 변하지 않는다는 두 가지 속성을 연결해서 사고할 수 없으며 한 가지 속성만으로 상황을 파악한다.

따라서 이 시기의 유아들은 한 가지 관점이 아닌 여러 관점에서 동시에 생각해 볼 수 있게 되고 사물과 현상에 내재된 여러 가지 측면을 동시에 볼 수 있게 되는 활동들이 도움이 된다.

3) 정서의 발달

정서는 감정이라는 말과 혼용해서 사용하게 되는데 정서는 감정에 비해 좀 더 분화된 상태를 의미한다. 따라서 정서는 분노, 공포, 환희, 혐오, 의기양양함, 애정과 같은 보다 세부적으로 분화된 감정 상태를 의미한다.

유아기의 정서는 유아의 정신생활에 중심을 이루고 있고 5~6세경에는 성인과 같은 정도로 복잡한 정서로 분화되게 된다. 유아들은 기쁨, 두려움, 분노, 좌절을 표시하려는 정의적 요구를 가지고 자신이 살아있는 세계와 의사소통 하려는 욕구를 가지고 있다.

신체는 유아가 느끼는 것을 밖으로 드러내는 도구(홍용희 외, 1998)이므로 유아들은 신체활동에 몰입하는 과정을 통하여 집중력을 기르고 좌절이나 분노 같은 부정적인 감정을 배출시킴으로서 정서적인 안정감을 찾게 된다.

우선 유아들은 움직임을 통해서 즐거움을 얻고 그리고 계속하고 싶어 한다. 그리고 재미있고 창의적인 움직임들은 환경을 탐색하려고 하는 유아들의 욕구를 충족시키는데 매우 효과적이다. 이러한 의미에서 유아들의 신체는 내부와 외부의 욕망을 이어주는 연결고리가 되는 것이다. 신체는 그 외에도 자신의 내부적 욕구를 표현해 내고 욕구가 타인으로부터 받아들여짐으로써 내적 갈등을 해소하는데 기여한다.

이 시기의 유아들은 자신을 타인에게 표출할 수 있는 방법으로 가장 적절한 수단이 신체를 활용하는 것이기 때문이다. 반면, 자신의 내적 욕구를 신체가 아닌 언어로 전달한다고 가정 해 보라. 이는 언어를 잘 모르는 외국인과 함께 서로의 사고를 전달하는 것과 같이 불편할 것이다. 이렇게 되면 감정이 순화되기보다 더욱 복잡해질 것이다. 이러한 점에서 유아기의 신체표현은 감정의 분화를 긍정적인 면으로 발달할 수 있도록 기여한다는 것을 이해해 둘 필요가 있다.

유아가 신체표현을 통해 타인에게 자신의 의사를 전달하는 욕구의 긍정적인 면으로서의 해소는 성장을 촉진할 수 있고 학습의 효과를 창출할 수 있다. 유아기는 자신의 신체조절능력 향상 혹은 다양한 신체표현 활동으로 자신이 욕구가 해결되는 과정을 통하여 자신감을 갖게 되고 이로 인해 자기효능감이 높아짐에 따라 모든 면에서 긍정적이고 적극적인 사고를 지닐 수 있어 정서적 안정을 취할 수 있다. 한편 유아는 성인을 관찰하고 모방하면서 배우므로 부모나 교사는 감정표현의 모델이 되어야 한다. 또한 또래집단과의 다양한 경험은 자신과 다른 사람의 감정을 통찰하고 수용하도록 돕고, 감정의 조절방법을 배울 기회를 제공해 정서발달에 긍정적 영향을 미치게 된다.

4) 사회성 발달

사회성이란 타인과 어울리면서 동시에 타인에 대한 민감성 및 사회적 관계로부터 보상을 추구하는 성향이다. 사회성이 발달한 사람은 자기주장이 있는 자아가 형성된 사람이며, 남과 협력할 수 있는 협조성이 있는 사람이며, 사회의 생활규범을 합리적으로 받아들여 사회생활을 풍요롭게 영위할 수 있는 사회적인 적응력이 있는 사람이다.

유아의 사회성은 유아가 사회의 한 구성원으로 성장, 발달하는 동안에 그 사회에서 공인된 언어, 사고, 감정, 행동 등을 포함하는 생활양식을 학습하여 타인과의 상호접촉을 통한 건전한 사회생활을 할 수 있는 능력이다.

유아의 성장과 더불어 생활범위가 가정에서부터 또래와 학교로 넓어짐에 따라 경험의 종류가 점점 다양해지므로 이시기 아동은 사회성발달에 주요한 특징을 보인다(신옥순, 1994). 그 내용은 다음과 같다.

첫째, 주도성이 강해지면서 점차 독립심과 자신감을 얻게 된다. 유아기의 아동들은 신체적으로나 정신적으로 부모에게 절대적으로 의존한다. 그러나 6, 7세에 접어들면서 유아들은 능력이나 기술의 향상과 더불어 부모에게서 이탈하여 자기 스스로 결정하고 행동하기 시작한다. 즉 '나'에 대한 의식이 강해지며 자기의 능력에 대한 자신감도 커진다.

둘째, 관심의 대상이 가족에서 또래로 바뀜으로써 경험의 폭을 넓혀나

간다. 이 시기는 '갱 시기(gang age)'라고 불릴 정도로 강한 또래집단을 형성하는 시기이다. 이러한 경험은 아동들이 자기중심적인 사고에서 벗어날 수 있도록 해줄 뿐만 아니라 폭넓은 경험을 통한 인지적인 성장을 촉진시켜주므로 집단생활의 교육적 의의가 특별히 부각되는 시기이다.

셋째, 사회 속에서의 나를 인식함으로써 자아개념 확립의 기초를 형성한다. 또래들과의 생활은 자기의 객관적인 모습을 보도록 해준다. 가정에서의 자기의 위치와는 또 다른 자신을 보게 됨으로써 쉽게 마음이 상하거나 좌절할 수도 있다.

넷째, 성역할을 인식한다. 이때부터 자기의 성을 의식하기 시작하여 여자아이는 여자다운 것을, 남자아이는 남자다운 것을 선택하고 행동한다. 특히 색깔이나 놀이 유형 또는 관심거리 등에서 현저하게 차이가 나타난다. 또한 또래집단의 형성도 남아는 남아끼리, 여아는 여아끼리 이루어진다. 이러한 경향은 학년이 올라가면서 점점 더 뚜렷해지고 전 생애를 통해서 지속된다(신옥순, 1994).

유아기는 자아인식을 토대로 사회적 관계를 넓혀간다. 유아들은 다양한 사회적 관계 속에서 사회적 행동. 성 역할, 도덕성 등 사회화에 관련된 요소들을 발달시킨다.

(1) 자아의 싹틈

유아기에는 모자관계에 변화가 생기기 시작한다. 이 시기는 운동능력의 발달과 행동범위의 확대에 따라 유아의 심성에는 부모에게 의존하지 않고 무엇이든지 스스로 할 수 있다고 믿으면서 자존심과 자립심이 싹트게 된다. 이러한 현상을 모자분리라고 한다. 그리고 이 시기의 모자관계의 변화는 인간발달에 있어서는 극히 중요한 의의를 갖는다. 이와 동시에 유아기에서 제 1차 반항기가 시작되고 일반적으로 만 3세경에 가장 심하게 나타나는데 이때의 많은 행동적 특성은 자아가 싹트고 있다는 것을 의미한다. 그러므로 이 시기는 부모나 교사 모두 유아의 심리를 잘 이용해서 발달에 긍정적인 결과를 가져올 수 있도록 도와주는 것이 중요하다. 또한, 이 시기는 유아의 자존감이 성립되는 시기이므로 긍정적 사고로 성장할 수 있는 방법이 무엇인가를 신중히 고려하는 것이 중요하다.

(2) 동일시

유아의 사회성 발달에 있어서 커다란 영향을 미치는 '동일시' 의 개념이다. 이 시기는 부모나 그 외에 유아가 늘 가까이서 대할 수 있는 사람을 동일시하면서 발달하게 되므로 부모나 교사의 태도는 유아에게 있어서 사회적 모델이다. 따라서 이들의 행동 일체가 유아의 성격이나 행동에 맹목적으로 많은 영향을 미친다.

이 시기의 유아는 특히 부모의 행동을 동일시의 대상으로 삼아 성 역할을 학습하기도 한다. 그러한 점에서 부모는 물론이고 교사의 행동은 유아에게 매우 중요한 학습대상이다. 그러므로 매 순간 판단과 행동이 객관적이 되도록 노력하고 유아의 마음도 신중히 다루는 것이 필요하다.

(3) 놀이와 교우관계

유아기는 생활 그 자체가 놀이이다. 유아는 3세 경이 지나면 생활의 장이 가정에서 이웃으로 확대되고 또래 친구를 적극 찾아 나서게 된다. 이 시기에는 가능한 한 유아에게 연합놀이나 협동놀이 등의 환경을 조성하는 것이 필요하다. 이러한 환경을 통해서 사회생활의 기본 규칙의 준수 또는 집단 내의 역할 분담의 중요성과 리더쉽 등을 체험할 수 있게 된다. 따라서 유치원 혹은 어린이집에서 생활에서 기본적인 성격 형성뿐만 아니라 사회생활의 기술을 학습하는 중요한 장소라고 할 수 있다.

생각할 문제

문제1

미운 4살?, 유아사춘기

문제2

유아의 놀이(또래 / 부모)

part 3

유아기 무용교육의 이해

한 인간은 출생과 동시에 의식적 혹은 무의식적으로 변화의 과정을 겪게 되는데, 이러한 활동을 광범위한 의미에서 교육이라 할 수 있다. 특히 유아기는 성장과 발달의 적정기관에서 많은 경험을 하는 것이 중요하다. 이처럼 신체활동이 왕성한 시기인 유아기는 발달단계에서 중요한 시점에 있으므로 신체의 다각적인 움직임이 발달과 연계될 수 있는 것이 효과적인 학습매체라 할 수 있겠다.

무용이 교육의 한 부분으로 나타나기 시작한 것은 고대 그리스 로마 시대이다. 그러나 무용이 교육적 가치를 인정받기 까지는 많은 시간이 필요했고 아직도 무용은 교육적 가치에 있어서 학문으로서의 가치 존립이 확실치 못하다. 그러나 최근 무용이 유아교육 분야에서 그 가치를 인정받고 있는데 이는 유아기의 발달 특성에서 그 이유를 찾을 수 있겠다.

따라서 유아무용은 유아의 욕구를 발달적 특성에 따라 충족시켜주며 아울러 이 시기의 유아들의 발달을 조장할 수 있는 학습적 도구로서 중요한 의미가 있다고 본다.

1. 유아기 무용교육

유아무용이란 직접적인 표현으로는 유아에게 무용이라는 교과목을 학습하는 것이다. 이를 다시 말하면, '무용교육'과 '유아교육'의 두 학문의 전문적인 영역을 동시에 다루어야 하는 학제 간 분야임을 인정해야 하는 것이다. 따라서 많은 연구와 검토가 요구되는 영역이다.

최근 사회적으로 긍정적인 관심을 얻고 있는 유아무용은 유아에게 무용학습을 통해 신체는 물론 사회, 언어, 인지, 감각, 탐구 영역의 통합적인 교육효과를 기대하는 것이다. 그러나 무용을 어떻게 지도하고 교육적 효과를 위해 어떠한 목표를 설정할 것인지에 대한 충분한 배려가 선행되어야 한다.

찰스 다윈(Charles Darwin)은 신체의 근육들은 감정이 숨어 있는 장소이므로 몸의 움직임을 제한하면 정신적인 각성에 필수적인 근육감각과 지각 역시 제한된다는 것과 같이 신체활동은 인간이 성장하고 발달하는 중요한 수단이라는 것을 전제로 한다면, 무용은 신체발달을 촉진시키는 우수한 교육수단이라 할 수 있다.

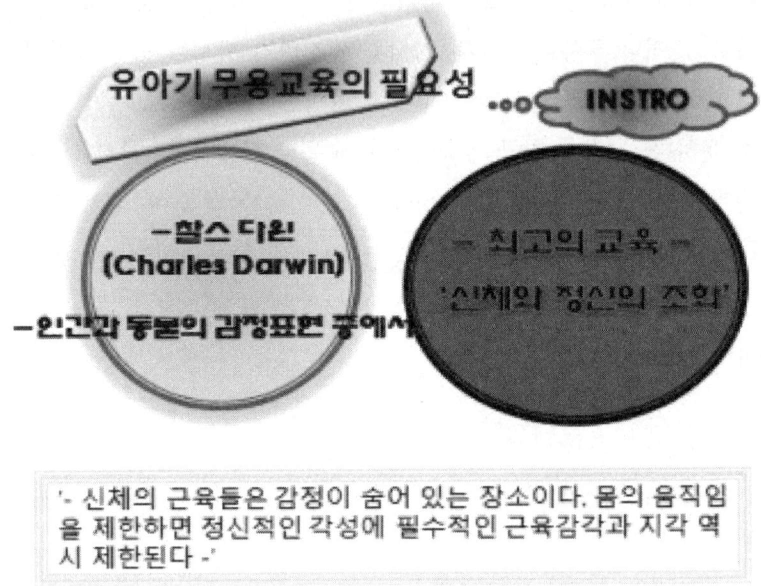

1) 유아기 무용교육의 대상과 목적

(1) 유아기 무용교육의 대상

유아교육은 유아를 대상으로 그 발달 특성에 적합한 교육과정을 다양한 교수방법으로 실시하는 교육을 말한다. 따라서 무용을 통하여 유아들이 보다 즐겁고 효과적으로 학습할 수 있는 대상을 정리하면 다음과 같다.

유아교육진흥법 제 12조 1항에는 유아는 만 3세부터 초등학교 취학 전까지의 어린이를 말한다고 명시되어 있다. 그러나 요즈음은 유아의 의미가 태어나면서 취학 전까지로 확대되고 있다. 영유아무용의 학습 대상은 출생에서 취학 전까지 본다. 그러나 일반적으로 3세 이상이 유치원이나, 어린이 집에 다니고 있으나 정규 교육기관이 아닌 문화센타, 복지회관 등은 3세 이하의 유아들을 대상으로 유아무용 교육을 실시하고 있고 유아가 혼자서 교육을 받을 수 없는 경우는 부모와 함께 무용 수업을 하는 프로그램에 참여하고 있다.

(2) 유아기 무용교육의 목적

무용은 신체의 움직임을 바탕으로 예술적으로 표현하기 위해서는 신체적 표현기술이 요구된다. 그리고 자기의 사상과 감정을 훈련된 기술을 통하여 일정한 동작과 리듬에 따라 표현하는 행위가 관객에게 전달되는 일련의 과정이다. 이러한 움직임을 보다 높은 차원의 수준으로 창조해내기 위해 동작을 구성하고 완벽하게 표현하기 위해서 극도의 훈련을 한다.

그러나 유아무용은 신체의 움직임을 바탕으로 예술적으로 표현하기 위해서는 신체적 표현기술이 요구에 앞서 다양하게 신체를 표현하는 가운데 움직임의 욕구를 만족시킴으로써 신체의 제 기능의 조화적 발달을 도모함과 동시에, 인지 및 창의적 표현과 정서적 발달 은 물론 사회성을 몸에 익혀 나감에 따라 자신을 소중히 하고 남을 배려하고 사회와 상호작용 할 수 있는 능력을 기르는 것이다.

그러므로 유아무용의 교육목적은 유아로 하여금 다양한 표현활동을 통해 계획적인 변화를 주도하여 완전한 인간으로 성장하는데 기여하는 것이다. 유아무용의 교육목적을 달성하기 위해서 선행되어야 할 것은 무엇보다 교사가 유아기의 발달적 특성을 충분히 배려한 교육목표를 세우는 것이다.

2) 유아기 무용교육의 필요성

인생에서 처음 6년 동안 신체활동의 중요성을 누구보다도 깊이 이해한 이탈리아의 교육자이자 심리학자인 마리아 몬테소리(Maria Montessori)는 유아기 신체를 활용한 체험의 중요성을 다음과 같이 정리하고 있다.

'유아기는 남은 인생동안 사용 할 수 있는 방대한 양의 지식을 얻는 시기이다. 그리고 이미 문화와 사회적응에 필요한 패턴인 다양한 협동능력과 복잡한 언어의 여러 가지 표현 방법을 습득할 수 있다'는 것에서 유아기의 신체적 체험의 필요성을 시사하고 있다. 유아들이 이렇게 빠르게 적응하고 습득할 수 있는 것은 의식과 하위의식 상태가 아직 분리되어 있지 않기 때문이다. 또한 이들은 세상을 경험하고는 있지만 무엇을 할 수 있고 할 수 없는지를 구분지어 주는 강력한 슈퍼에고가 아직 정리되어 있지 않은 상태이기도 하다.

인간이 터득하는 다양한 개념은 지각의 통합으로 이루어지는데 90% 이상은 신체적인 의사소통을 통해서 파악되고 발달된다. 따라서 유아는 오랜 시간 책상에 앉아 있는 것 보다 신체적 체험을 활발히 할 수 있는 환경과 그들이 사고하고 있는 호기심의 욕구를 충족시킬 수 있는 환경이 필요하다.

유아기 무용교육의 필요성을 다음과 같이 정리해 보았다.

첫째, 유아는 끊임없이 움직이는 가운데 지식을 축적하는 특성을 갖는다.

둘째, 최근 우리의 생활환경에서 가장 큰 변화는 활동량의 부족이다. 따라서 인간은 인위적으로 움직여야 하는 과제를 안게 되었고, 유아들도 예외 일 수는 없다. 유아기는 특히 움직임이 활발한 시기임에도 불구하고 사회, 문화적 여건의 변화로 인해 유아들이 마음껏 뛰어놀 수 있는 환경이 없어진 사회적 고민이 유아기 무용교육의 두 번째 필요성이다.

마지막으로 유아는 감각체험을 통해 인지적, 신체적, 정서 및 사회성이 발달하므로 다양한 감각을 체험을 통해 통합하는 무용교육의 특성이 필요성의 마지막 이유이다.

그 외 유아기의 발달적 특성에서 살펴본 유아기 무용교육의 필요성은 다음과 같다.

(1) 기능 발달을 위한 이상적인 시기

유아기는 신체를 움직이는 기능 기술이 발달하는 이상적인 시기이다. 이 시기는 경골화 이전이므로 몸이 유연할 뿐만 아니라 호기심과 모험심이 강하고 감수성이 예민하여 많은 것을 수용한다. 그리고 무용활동을 통한 신체적 경험은 지식 획득과 신체를 조절하는 다양한 기능 향상과 아름답고 우아한 무용표현으로 심미감과 긍정적 자기효능감 발달에 효과적이다.

(2) 습관 및 태도 형성이 중요한 시기

유아기는 자신이 독립된 신체를 가진 사실을 의식하게 되고 자신의 몸을 통제한다는 것을 알게 되는 시기이다. 따라서 매사에 일어나는 생활환경의 변화에 대한 학습이 곧 습관으로 형성되고 태도로 나타나게 되는 중요한 시기이다. 그리고 유아기 적절한 움직임은 청결 및 올바른 수면습관과 사회성 발달에 기여한다.

이 시기는 통제 또는 조절하는 자조기능을 발달시켜 나가는 과정에서 습관과 태도가 형성되므로 무용학습을 통해서 자신을 조절하고 타인을 배려하는 마음과 인내심을 육성하고 자신의 몸과 주변 환경을 능숙하게 조절하게 됨에 따라 긍정적인 사고와 적극적으로 도전하는 탐구심이 향상된다.

(3) 두뇌의 발달이 가장 활발한 시기

이 시기는 일생 중 두뇌의 발달이 가장 활발하므로 지능발달의 결정적인 시기이다. 특히 이 시기는 영양상태가 지능발달에 영향을 미치는 중요한 요인이 되므로 적당한 신체활동은 식욕을 자극하여 균형 있는 올바른 식습관을 형성하여, 신체발달은 물론 뇌의 발달에도 영향을 준다. 특히 무용은 인지학습, 창의성과 표현능력, 신체 혹은 물체 도구와의 조작능력, 음악 감각, 미술 감각, 시각, 청각, 촉각 등 모든 감각이 통합적으로 학습활동에 동원됨에 따라 두뇌발달이 활발한 이 시기에 무용교육은 중요하다.

(4) 자아개념이 형성되는 시기

자신이 하는 일에 대한 성공을 예견하고 자기에게 가치를 부여하는 것이 곧 자존감이다 이 시기는 자아개념 혹은 자존감이 형성되는 시기이므로 체형, 체격 및 움직임의 기술에 대한 만족감이 자기유능감 및 자기효능감에 긍정적인 영향을 미친다. 그러므로 유아들이 무용교육을 통해 신체를 잘 움직이고 다양한 소품을 잘 다루는 것은 자신에 대한 가치를 긍정적으로 인정할 수 있어 적극적이고 긍정적으로 생활할 수 있다.

2. 유아기 무용교육의 학습원리

무용학습은 유아기 발달에 많은 영향을 미치는 학습이지만 이를 적절히 지도해 나가지 않으면 학습의 효과를 충분히 기대하기는 어렵다. 따라서 유아에게 무용학습을 통한 교육적 효과를 위한 적절한 학습 원리를 다루고자 한다.

1) 적합성

유아를 대상으로 하는 학습은 발달단계에 적합한 것이어야 한다. 발달의 적합성에는 연령의 적합성과 개인의 적합성을 말하는 것이다. 연령의 적합성은 발달수준, 흥미, 욕구 등을 고려하는 것을 의미한다. 가령, '3세의 유아에게 무용동작의 턴을 학습시키는 것이 바람직한가?'에서 생각해보자. 3세는 아직 신체의 중심을 빠르게 이동시킬 수 없는 연령이다. 이렇듯 연령에 적합한 활동을 전개하지 않을 경우, 유아들은 수업에 흥미를 잃게 되고 산만해져서 유아와 교사 간에 발전적이고 긍정적인 상호작용은 일어나지 않는다.

유연성 활동

발레의 기본동작

연령의 적합성은 만 1년 정도에 걷기 시작한다든지 하는 것처럼 보편적으로 예측 가능한 것이다. 발달의 순서에 따라 발달이 이루어지므로 유아의 신체, 인지, 정서, 사회성 등 모든 영역의 발달 수준에 적합하면서 유아의 흥미욕구 수준에 맞는 교육적 경험과 자극을 중요하게 다루어야 한다.

개인의 적합성은 개인의 성격, 신체조건, 지적능력, 가족의 배경 등이 서로 다를 뿐 아니라 학습형태와 성장 속도가 각기 다른 특성을 말한다. 이를 유아의 개인차라고 한다. 유아기는 개인차가 심하므로 처음 유아를 지도하는 교사들은 유아의 개인차를 이해하지 못해 학습을 진행하는데 어려움을 겪는다. 교사가 우수한 수업을 준비했다 하더라도 개인차를 고려하지 않으면 또래들 간에 부정적 상호작용이 일어나거나 '나는 할 수 없어', '나는 하기 싫어요' 등과 같은 반응이 나타나 긍정적인 효과를 기대하기 어렵다. 그러므로 개인의 적합성을 고려한 적합한 학습내용을 준비할 수 있어야 한다.

2) 구체성

유아기는 직접적인 활동 및 경험이 필요하다. 직접적 경험으로 사물의 특성과 기능을 인지한다. 그러므로 무용교육에 있어서 동작학습은 정확히 고 구체적으로 지도할 필요가 있다. 그러나 짧은 시간 안에 정확하고 구체적으로 잘 할 수 있기를 바라기 보다는 반복적인 학습이 중요하다. 반복적인 학습은 행동이 자동화 단계까지 이를 수 있도록 하면서 통합적 발달에 기여한다.

다음 사진은 유아에게 표현활동을 시킬 수 있는 프로그램을 연구하는 활동사진이다. 이 활동사진은 유아들이 어떻게, 무엇을, 왜 움직여야 할까? 구체적으로 묘사하고 행동방법을 제시하고 있다. 이를 언어적 표현이 아닌 신체와 시뮬레이션(simulation)으로 표시하고 유아들이 그 행동과 표시를 그대로 따라 할 수 있기를 기대하면서 예비교사들이 연구한 내용이다.

달팽이의 일상(달팽이들의 합창)

달팽이의 일상(친구 사귀기)

달팽이의 일상 (퍼포먼스 시뮬레이션)

달팽이의 일상(새로운 가족)

3) 다양성

유아는 연령이 어릴수록 학습내용이나 환경에 다양한 변화가 요구된다. 이 시기는 집중 간격이 짧다. 그러므로 학습 환경이 단조로우면 학습에 참여하는 동기가 부족하여 산만해지기 쉽다. 특히 신체를 자유롭게 움직여야 하는 무용학습의 경우는 안전사고가 일어날 수도 있으므로 유아들이 계속 집중할 수 있는 학습 환경을 연구하면서 교육내용을 계획해야 할 것이다.

무용은 음악, 동작, 도구, 표현, 학습 환경 등 다양한 수업매체를 활용한다. 그리고 교사의 자질에 따라 소재를 더욱 다양하게 활용 할 것이다. 그러나 유아를 위한 무용학습에서 다양한 소재를 어떻게 접근하고 어떤 방법으로 교육을 전개해 나갈 것인가에 대한 충분한 연구로 교육현장에서 유아를 만나야 한다.

도구와 모형을 활용한 공간인지활동

팔 다리 근육과 창의적 표현활동

4) 통합성

유아의 학습은 인지, 신체, 정서, 언어, 사회성 등이 각각의 영역별로 나누어져 있으나 이들 영역은 독립적으로 발달되는 것이 아니라 영역간 상호작용에 의해 통합적으로 발달된다는 것을 이해하는 것이 중요하다.

무용학습을 통한 적극적인 신체활동은 넘쳐나는 에너지를 소모시키는 가운데 호기심 충족과 충분한 휴식을 유도할 수 있을 것이다. 유아에게 있어서 휴식은 매우 중요한 의미가 있다. 또한 활동을 하는 가운데 경험으로 얻어지는 언어 및 지각, 감각, 탐구력, 창의력 등은 지식 축적에 있어서 직접적인 역할을 한다. 각각의 요소들은 적응되고, 수용되는 과정에서 영역간 발달의 통합이 이루어진다는 것을 잘 이해하고 무용학습을 계획하고 시도해야 한다.

5) 단계적 학습

학습은 단계적으로 이루어진다는 사실은 앞에서도 중요하게 다루었다. 유아기는 특히 발달단계를 무시하고 지도하는 것은 바람직하지 않다. 아무리 좋은 학습을 준비하였다 하더라도 단계적 설계가 아니면 효과를 기대할 수 없다는 것을 알아 두어야 한다. 단계적 학습에서 중요한 것은 반복적 학습이다.

단순한 것 → 복잡한 것
익숙한 것 → 낯선 것
자신에 관한 것 → 타인에 관련된 것
전체 → 부분
구체적 → 추상적
행동적 → 상징적
탐색적 → 목표 지향적
부정확 → 보다 정확
충동적 → 자기 통제적

그림 3-1. 단계적 학습의 예

6) 능동적 학습

유아기는 유능성 동기로 인해 능동적으로 활동하는 특징이 있다. 유능성 동기는 개체가 자신의 욕구나 충동을 억압하지 않으면서 동시에 환경의 자극이나 상황에 대해서도 열려 있어 자신의 욕구를 자연스럽게 지각하고 표현하여 환경과 유기적으로 교류할 수 있는 능력을 말한다(Zinker, 1977). 따라서 유아기는 어떠한 욕구나 감정 및 환경에 대한 적응력을 억압하지 않고 다양하게 활동하면서 경험하게 하는 것이 중요하다.

유아기는 끊임없이 움직이고 탐색하는 시기이므로 타인에 의해 수동적으로 채워지는 존재가 아니라 자신의 신체와 모든 감각을 동원하여 스스로 만지고, 보고, 듣고, 냄새 맡는 행동의 적극성을 발휘한다. 유아는 적극적인 활동으로 자신의 욕구와 호기심을 충족시키고 폭넓은 자기 발견의 기회를 획득해 나간다.

7) 놀이를 통한 학습

유아는 놀면서 학습하는 대상이다. 이들은 자발적인 놀이 욕구에 의해 적극적으로 탐색을 하고 경험하면서 주위의 인적, 물적 환경과 상호작용을 맺게 되므로 폭넓은 학습의 기회를 가진다. 그러므로 무용학습은 무용기술에 집착해서는 안 된다. 유아에게 아름다운 동작과 자세를 표현하기를 원한다면 장기적 목표를 세우고 그 동작을 정확하게 표현할 수 있기까지 다양한 놀이 환경을 설계해서 점진적, 단계적으로 목표에 도달할 수 있도록 해야 한다. 유아들은 교사가 무슨 기술을 학습하는지 관심도 없이 재미있게 몰입해서 움직이는 가운데 원하는 동작이 만들어지는 장기적이고 계획적 학습구성 필요하다. 무용을 통한 놀이로는 '미러댄스', '그림자 놀이', '스토리 댄스' 등과 같은 다양한 소재가 있다.

미러댄스

그림자놀이

스토리댄스-우리함께

3. 무용교육을 위한 동작의 구성요소

동작은 우선 기본적인 움직임의 기술을 예술적 표현과 결합하는 것이다. 움직임의 기술을 통해 자신의 감정을 표출하기 위해서는 자유로운 표현능력이 필요한데 그것은 모방으로부터 시작된다. 유아는 자발적으로 어떤 대상을 모방하고 이를 자신의 느낌대로 표현하는 것을 즐긴다. 이들의 모방행위는 흉내를 표현하는데 그치는 것이 아니라 자신의 내적표현이 결합되어 자연스럽게 표출되는 예술적 표현으로서의 동작들이라 할 수 있다. 예를 들어 '사자가 엉금엉금 걸어오고 있는 것'에 대한 표현 활동을 함에 있어서 개개인의 생각에 따라 표현이 달라질 수 있다는 것이다. 개인의 감정몰입 정도나 평소의 습관이나 생활패턴, 성격, 선지식 등에 따라 각자의 표현이 다르게 나타날 것이다. 유아들은 자신이 느끼는 감정을 주위환경에 영향을 받지 않고 그대로 표현해 나가지 않는가. 이것이 진정한 예술적 표현활동인 것이다. 유아기의 이러한 발달적 특성을 고려하여 유아가 자신의 신체를 조정하고 조절하여 내적 혹은 외적인 표현을 구체적, 기술적, 통합적으로 할 수 있게 이끌어 주기 위해서는 몇 가지의 학습이 필요하겠다.

무용교육을 위한 동작표현의 효과적인 동기부여를 위해서는 먼저 동작의 구성요소에 대한 이해가 필요하다. 동작의 구성요소는 무용교육을 위해 구성해야 하는 내용과 동작의 기본 요소 및 무용을 위한 움직임의 요소를 의미하는 것이다. 이는 아래 그림에 나타난 것과 같이 신체인지, 공간인지, 에포트(노력), 관계 등 인데 이에 대한 구체적 내용을 살펴보면 다음과 같다.

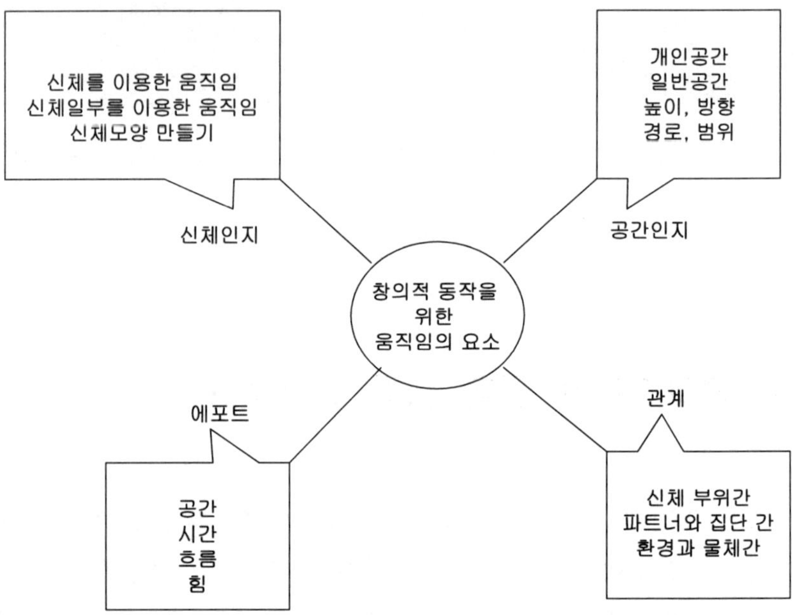

그림 3-2. 창의적 동작을 위한 움직임의 요소

1) 신체인지

신체는 동작이 이루어지도록 하는 가장 중요한 도구다. 그러므로 유아는 먼저 자신의 신체를 인식하는 자각능력으로 자신의 신체 전반의 도식을 이해함으로써 유아 스스로 표현할 수 있는 용기와 자신감을 가질 수 있게 된다.

유아기는 자신의 신체에 대한 긍정적인 인식을 갖게 해 주는 것이 필요하다. 즉, 자신의 신체를 좋은 것, 매력적인 것, 믿고 의지할 만한 것 등의 믿음을 갖게 한다는 것이다. 그러기 위해서는 유아들이 다양한 움직임을 통해 얻게 될 근육의 유연성과 고른 발달이 필수적이다. 유아들의 다양한 움직임은 주변과의 상호작용으로 이루어지기 때문에 이때 경험하는 모든 것은 감각을 통해 수용되어지고 이는 뇌로 전달된다(Diane L, 2000). 따라서 신체인지는 신체를 움직이는 방법에서 부터 표현으로 연결되는 모든 감각을 인식하는 것이다. 그리고 신체 각 부분과의 상호작용을 통해 만들어지고 표현되는 모양, 관계, 부위 등을 인식하고 또 신체의 각 부분이 어떻게 느껴지는가에 대한 학습이다.

그러므로 신체인지 학습은 유아들이 신체 각 부분의 감각이나 역할 등을 직접 체험할 수 있도록 해야 한다. 예를 들어 오른 쪽 팔이 몸에 바짝 붙여 움직일 수 없다는 것을 약속을 한 후 유아들과 다양한 표현을 해 보면 오른 팔이 동작에 매우 필요하다는 것을 인식할 수 있을 것이다. '두 다리를 바닥에서 떼지 말고 움직여보세요' 라고 하고 다양한 동작을 시도해 보면 유아들은 다리의 역할에 대한 중요성과 필요성을 느끼게 될 것이다. 이러한 학습을 통해 자신의 신체는 매우 소중한 것이라는 것과 신체 각 부분이 중요한 역할을 한다는 것을 학습하게 한다.

유아기에 신체인식 학습은 주변으로부터 발생되는 다양한 두려움을 덜어주고 자신감을 갖게 해 주며 주변의 다양한 환경을 모두 자신의 학습공간으로 활용할 수 있는 용기가 생긴다. 그러므로 무용을 통한 신체인지 학습은 항상 탐구하는 사고로 학습에 몰입하는 밝고 긍정적인 인성으로 발달한다.

2) 공간인지

공간이란 어디로 움직일 수 있는가를 뜻하는 것이다. 우리는 흔히 기능적인 목적을 위해서 공간을 활용하지만 무용교육에서 공간은 어떻게 움직이느냐 하는 아이디어, 혹은 생각, 느낌 등을 표현하거나 전달하기 위한 중요한 요소이다. 공간의 요소로는 위치나 방향, 수준, 경로 등이 있다.

공간의 요소에서는 크게 개인 공간과 일반 공간으로 구분된다. 여기서 말하는 개인공간은 유아의 신체와 가장 가까이 있는 영역들을 말하는 것으로 자신의 움직임이 타인에게 영향을 미치지 않는 공간을 의미하고 일반 공간은 신체의 이동이 있어야 도달 할 수 있는 공간을 말한다.

공간인지는 그룹이 서로 상호작용을 하면서 신체활동을 하는 것을 말한다. 즉, 비누방울 놀이나, 날개달린 꽃씨와 같은 주제로 신체표현을 할 때 내가 비누방울이 날고 있는 공간을 이리저리 뛰어다니거나, 날아다니는 꽃씨를 주워 모을 때 하는 동작들을 통해 학습이 이루어진다.

공간인지에 앞서 개념에 대한 학습은 앞, 뒤로 와 같은 방향인지, 신체로부터 가까운 것과 먼 것에 대한 넓이나 범위인지, 신체를 이동시킬 때 생기는 높고 낮음 또는 수업 현장의 모양으로 원, 사각, 세모, V자 모형 등이 모두 공간에 대한 개념을 인식하는 학습이다.

3) 에포트(노력)

에포트는 공간과 시간에 따라 힘과 호흡을 가지고 움직임의 에너지가 어떻게 변하고 있는지를 설명하는 동작의 질적 수준을 말한다. 이러한 에포트의 요소에는 공간, 시간, 흐름, 힘이라는 4가지 하위요소가 있다. 이러한 4가지 요소를 유아에게 이해시키는 방법으로는 다양한 예시가 필요한데, 이는 유아들이 익히 알고 있는 동화를 주제로 하여 그 내용을 표현하도록 하는 방법이 효과적이다. 즉, 인어공주가 왕자님이 위험에 처해 있는 것을 발견하고 이를 구하기 위해 급한 마음을 유아들과 함께 표현하면서 몸을 긴장시키고 급하고 격렬한 동작을 표현함으로써 시간과 흐름의 요소가 짧고 격렬하게 적용되는 것을 이해하는 것이다. 이와 같이 유아들이 이미 알고 있는 내용을 선택해서 표현해 나가면 쉽게 접근을 할 수 있다. 그리고 유아들이 익히 알고 있는 스토리를 수업에 활용하기 위해 선택 할 때는 유아들이 관심을 많이 보이고 흥미 있어 하는 것은 물론이고 어느 정도 내용을 이해하고 있는 것이 적극적 참여를 유도할 수 있다고 생각한다. 따라서 요즈음 유아들이 가장 관심을 보이는 내용이 무엇인지에 대한 정보를 확보하는 것이 무용교사의 기본자세가 아닐까 한다.

무용은 음악과 같이 하나의 '흐름' 속에서 내용이 전개되고 가치가 발견되는 시간의 지배를 받는다. 무용에서의 시간은 움직임의 속도와 지속을 의미하는데 이러한 시간의 요소에는 다시 템포, 박자, 마디, 연장, 쉼, 소절 등의 요소로 세분화 되고 이는 다른 요소들과 결합하면서 관계를 이루게 된다. 또한 무용은 시간과 공간 속에서 신체를 어떻게 움직이느냐에 따라 느낌이나 감정은 크게 변화한다. 무용에 있어서 변화의 요소에는 무게, 흐름, 혹은 에너지가 있는가, 없는가, 역동적인가, 그렇지 않은가를 표현으로 나타내게 된다. 이러한 다양성이 통합되어 있는 무용학습을 통해 유아는 다양한 영역의 학습을 신체표현과 즐거운 활동으로 획득하는 기회를 얻게 된다.

4) 관계

동작에 있어서 관계란 신체 한 부분과 다른 부분과의 관계, 사람과 사람과의 관계, 사람과 사물과의 관계를 의미하는 것으로 무용교육에서 매우 중요한 요소이다. 즉, 유아와 교사와의 관계, 유아와 유아와의 관계, 유아와 사물과의 관계, 동작과 음악과의 관계, 집단과 집단과의 관계 등 다양한 관계에서 얻어지는 학습효과에 있어서 유아는 다른 사람들과 하나의 공간을 활용하는 방법을 터득하는 것과 교사를 모방하는 가운데 신체활동의 기능 및 기술을 향상시켜 나가는 것일 것이다. 또 다른 인간관계로서는 혼자나 혹은 둘이서, 소그룹에서 대그룹으로 움직이는 학습에 의해 이루어진다.

유아는 무용학습을 통해 물체와 신체 부분 간의 관계를 알게 되고 공간 속에서 물체를 조정할 수 있는 능력을 향상시킨다. 따라서 무용학습은 많은 요소들 간의 관계를 이해하고 기본적인 움직임 기술을 발달단계에 따라 익힘으로써 기술을 습득하게 하여 자아개념의 발달과 사회성 발달, 창의적인 움직임의 발견, 표현능력과 심미적 감각 등을 기를 수 있는 학습이다.

4. 유아기 무용교육의 학습효과

1) 인지적인 면

유아무용에 있어서 인지적 교육효과는 움직임의 즐거움을 알면서 표현하기 위해서 상상하고 사고하며, 이를 다양하게 표출함에 따라 자신을 발견해 나가는 과정을 학습한다. 그리고 자신에 대한 자긍심과 자신감을 키워 현실에 적극적으로 대응할 수 있는 문제해결 능력과 창의적 능력을 쌓아가는 과정에서 다양한 감각적 학습이 이루어진다.

유아무용을 통해 인지발달을 꾀하기 위해서는 다음과 같은 일반적인 하위 영역들을 제시할 수 있겠다.

- 움직임의 즐거움을 갖게 한다.
- 무한하고 다양한 움직임에 대한 방법을 학습할 수 있는 기회를 제공한다.
- 반복연습을 하는 가운데 운동학습 효과가 강화되므로 신체를 어떻게 움직여야 하는지에 대한 지식을 습득하는 기회를 갖는다.
- 무용기술에 대한 기초적인 어휘들을 확장시킨다.
- 스스로 과제를 찾아내고 생각하여 주체적으로 판단하고 행동해 나가는 의욕과 강한 의지력을 기른다.
- 다른 사람과 협력하는 수업전개 방식에 따라 친구를 배려하는 마음을 익히고 감동하는 마음을 가질 수 있는 풍부한 인간성을 기른다.
- 유아를 대상으로 하는 교육은 유아의 성정 발달 및 그들의 특성에 맞는 전인적인 방향으로 개선되어 이루어져야 한다.

2) 신체적인 면

유아가 활발히 움직이는 것은 유아기의 본능적인 활동욕구이다. 또한 이러한 활동은 원활한 혈액순환으로 전신에 산소와 영양의 공급이 원활해지므로 유아들이 몰입하여 놀이를 하는 가운데 심신이 발달한다. 그리고 체온을 조절하기 위하여 땀이 분비되면서 체온조절 기전이 정상화되고 다양한 움직임이나 도구 조작 등은 신경계의 발달을 꽤한다.

3) 정서적인 면

유아의 정서는 매우 불안정하고 불규칙적이다. 그러나 심미적인 다양한 무용동작은 유아의 호기심의 욕구를 충족시킬 수 있는 동기를 제공함으로써 정서적으로 안정감을 취하는데 도움이 된다. 또한 유아기는 유능성의 동기를 지닌 특정한 시기이므로 그들이 자발적이고 적극적으로 표현해 내는 무용동작들은 집중력과 탐구능력 향상에 기여한다. 그리고 유아들은 표현놀이에 몰입하는 과정에서 자립심이 생기고 매사에 적극적으로 행동하게 되면서 또래 간에 긍정적 차원의 경쟁심이 생기면서 상호간 발달을 유도하기도 한다.

4) 사회적인 면

무용을 통한 표현활동은 혼자서 하는 것이 아니라 또래와 함께하므로 서로 간의 상호작용이 중요하다. 따라서 또래와 협력 또는 협조하는 방법을 터득하게 되고 친구를 배려하는 마음이 생기면서 긍정적인 사회성과 도덕성이 발달된다. 그리고 규칙을 준수하지 않으면 무용작품이나 창작활동이 이루어지지 않는다는 것을 깨달아 가는 과정에서 규칙의 중요성을 깨우치게 된다. 그리고 작은 위험으로부터 자신을 보호할 수 있는 안정성을 확보하는 능력을 기를 수 있게 된다.

이처럼 유아기의 무용교육은 인지, 신체, 정서, 사회성의 영역 간 상호관련적인 연계발달을 기대한다. 그리고 유아기 무용교육의 학습효과를 극대화시키기 위해서는 적절한 환경과 적절한 내용, 적절한 지도가 선행되어야 한다.

5. 무용교육의 동작구성 원리

무용교육을 위한 동작을 구성하기 위해서는 루틴, 음악, 동작의 구성 및 연결, 공간 활용 안, 또래 간의 관계 등 다섯 가지의 동작구성의 원리가 적절히 조화를 이루어야 한다.

먼저 어떤 동작으로 유아들과 만나야 하는가? 하는 루틴구성에 있어서는 다음과 같은 점을 염려해야 한다. 유아들을 지도하기 위해서 어떤 특정한 동작을 미리 만들어서 지도하는 것을 피했으면 한다. 가능하면 루틴 구성에서는 유아들이 만들어 내는 동작을 최대한 수용해서 놀이하는 가운데 교사가 의도한 작품으로 구성될 수 있도록 한다. 이러한 역할을 하기 위해서 교사가 무엇을 준비하고 어떻게 구성해야 하는지에 대해서 살펴보자.

1) 루틴구성의 요소

(1) 무엇을

- 무용동작
- 연령별 운동기술에 적합한 동작
- 전환 및 연결동작
- 대형 및 공간 활용을 할 수 있는 연결동작
- 깨끗하고 정확한 동작
- 해부학적으로 문제가 없는 동작
- 유아의 발육발달에 문제가 없는 동작

(2) 어떻게

- 선택과 구성의 균형유지
- 동작의 다양성
- 자연스러운 연결
- 테마 별 적절한 전환

2) 적합한 음악의 사용의 요소

(1) 무엇을

- 흥미와 관심을 유발할 수 있는 음악
- 유아들이 잘 알고 있는 음악
- 작품 일치성과 강약(음악 구성에 있어서 크라이막스가 있는 음악을 선택하도록 한다).
- 즐겁다, 부드럽다, 감미롭다.

(2) 어떻게

- 강한 음악
- 힘찬 음악
- 부드러운 음악
- 빠른 음악
- 스토리 연결 음악
- 우아한 음악

3) 동작의 구성 및 연결의 요소

(1) 무엇을

- 기본동작(뛰기, 걷기, 달리기)
- 팔 동작

(2) 어떻게

- 단순-복합의 조화
- 대칭과 비대칭의 조화
- 팔 동작 지렛대 (짧고 / 긴)
- 고 / 저, 강도

4) 공간 활용의 요소

(1) 무엇을

- 코너와 센타
- 앞, 뒤, 좌, 우
- 사선, 원, 지그재그, 타원, 크로스, 사각, 브이,
- 바닥, 공중,
- 몸의 방향

(2) 어떻게

- 균형, 리듬에 맞게 가능한 한 많이 변화를 주도록 한다.

5) 표현과 파트너 쉽의 요소

(1) 무엇을

- 얼굴표정
- 신체표현
- 연기
- 소리

(2) 어떻게

- 자기 확신(자신감)
- 육체적 에너지 표출
- 정신적 에너지 표출
- 쇼맨십

6. 무용교육을 위한 표현의 요소

유아기는 자신의 의식 상태를 완전히 장악하지 못하고 있는 시기이다. 그러므로 자신의 모습을 의식하지 않고 동기에 의해 혹은 음악에 의해 몸을 움직인다. 이들은 자신의 내부에서 일어나는 리듬을 표출하기 위해 시간과 장소에 구애받지 않고 뒹굴기도 하고, 웃기도 하고, 발을 동동거리고 또 마구 뛰어다닌다.

유아는 주위 환경에 대해 거의 본능적으로 반응하므로 어떤 사물을 보고 느끼면 실제적으로 신체로 표현하면서 경험한다. 이러한 경험을 통해 사물을 이해하고 개념화시키면서 지식을 흡수하고 있다는 것을 이해해야 한다. 유아는 이러한 일련의 인지과정 속에서 신체활동이 가장 마지막으로 일어나게 되는데 그 이유는 유아 자신이 주변을 충분히 느끼고 나서야 비로소 그 느낌을 춤이나 움직임으로 표현하기 때문이다. 유아가 자신이 인지하고 있는 내적 심상을 적극적으로 표현하게 하기 위한 요소는 즉흥표현법과 상상표현법(김화숙, 2006)이 있다.

1) 즉흥표현법

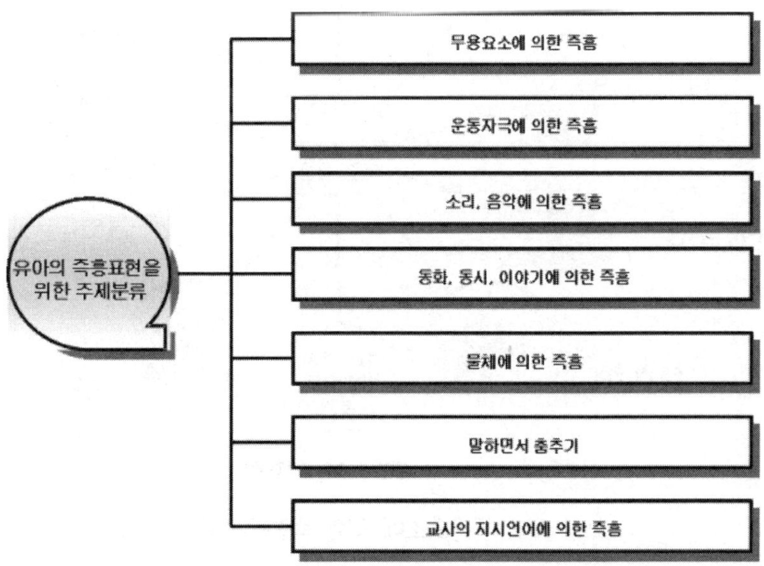

그림 3-3. 유아의 즉흥표현을 위한 주제 분류(김화숙, 2006)

즉흥은 사물에 대한 감성을 즉각적이고 반사적으로 반응하는 동작(김화숙, 1989)이다. 유아가 즉각적이고 반사적으로 움직이기까지는 단서를 이해하는 학습과정이 필요하다. 따라서 즉흥적인 표현을 할 수 있기 까지는 빈번한 반복학습이 학습이 선행되어야 한다. 이에 대해 김화숙(2006)은 무용즉흥법이 교육적 효과를 얻기 위한 주제를 〈그림 3-3〉에 나타난 바와 같이 무용요소, 운동자극, 소리/음악, 동화/동시/이야기, 물체, 말하면서 춤추기, 교사의 지시언어로 분류하였다.

(1) 무용요소에 의한 즉흥

유아들에게는 신체, 공간, 시간, 에너지, 관계를 인지시키기 위해 각각 세부 요소들을 간단하고 명료하게 제시하는 것이 필요한데 이를 김화숙(2006)은 유아들의 수준에 적합한 수업주제로 〈그림 3-4〉와 같이 정리하였다.

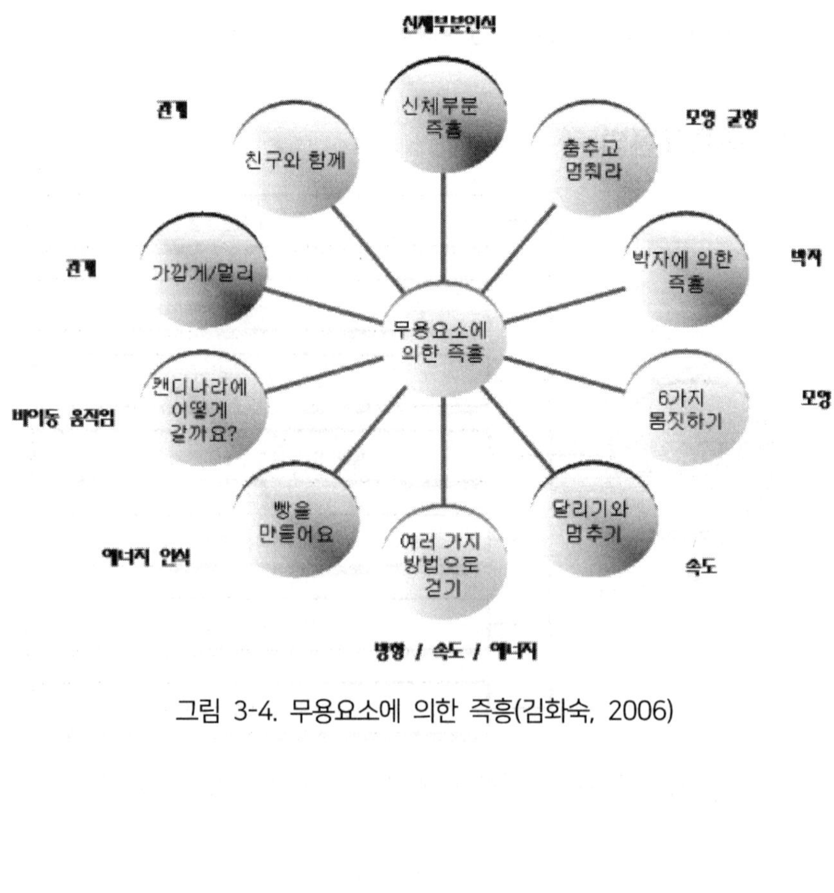

그림 3-4. 무용요소에 의한 즉흥(김화숙, 2006)

(2) 운동자극에 의한 즉흥

유아들이 할 수 있는 기본동작(이동 동작, 비이동 동작)을 주고 에너지를 사용하여 자유롭게 움직이게 한 다음, 연상되는 것을 표현하면서 움직이도록 유도한다.

예를 들어, 뛰기에 의한 즉흥으로 한발로 뛰기, 두발로 뛰기 등 다양한 방법으로 뛰기를 시도해 본 다음 토끼, 개구리 등과 같은 동물들을 연상하여 표현하게 한다. 그리고 이동운동은 '토끼와 거북'에 대한 스토리를 전달하든지 유아들과 함께 동화 내용을 직접 구상하게 하여 표현한다든지 혹은 징검다리와 같은 필요한 소품을 만들어 설치하고 유아들이 표현을 하면서 준비 된 소품들을 이동하게 한다.

(3) 소리, 음악에 의한 즉흥

다양한 소리, 동요, 만화 주제가, 타악기 등 유아들이 흥미를 느끼는 리듬이나 노래를 들려주고 즉흥적으로 움직일 수 있도록 한다.

예를 들어, 신체의 한 부분을 두드리기, 발바닥을 두드리면서 박자 맞추기, 입으로 소리를 내며 박자 맞추기, 4박사 중 3박에는 움직이지 않기, 첫 박자에는 무조건 뛰기 등 다양한 방법으로 리듬에 맞추어 움직이기를 한다. 그 외에도 소리 혹은 음악을 듣고 춤추기, 동요를 들으며 춤추기, 자연의 소리를 듣고 표현히기 노래를 늗고 춤추기 등을 활용한다.

(4) 동화, 동시, 이야기에 의한 즉흥

동화나 전설, 옛날이야기는 가능하면 교사의 스토리텔링(storytelling)에 의해 움직임을 유도하는 것이 바람직하다. 이러한 스토리 수업을 전개하기 전에는 유아가 사전에 내용을 이해하고 있으면 흥미를 가지고 수업에 적극 참여할 수 있는 동기가 되기도 한다.

(5) 물체에 의한 즉흥

유아들이 표현을 위해 사용되는 물체는 위험하지 않고 안전하게 사용할 수 있는 것을 선택해야 한다. 유아교육기관에서 사용할 수 있는 물체는 스카프, 리듬막대, 모자, 리본, 테이프, 의자, 타이어, 매트, 공, 이외에도 고무줄, 풍선, 종이 상자, 그물, 다양한 크기의 천, 공, 크리넥스(혹은 화장지), 튜브, 훌라후프, 인형, 스폰지, 신문지 등이 있다.

소도구를 사용하여 표현할 수 있는 주제를 소개하면 다음과 같다

- 우리 집을 찾아서 - 훌라후프
- 나에게 날개가 있다면 - 다양한 크기의 스카프
- 강아지 집을 만들어요 - 고무줄
- 풍선 춤 - 풍선
- 하늘에 그림을 그려요 - 리본과 같이 주제를 선정하고 소품을 선정하여 유아의 호기심을 충족시킬 수 있는 다양한 주제를 설정하면 된다.

(6) 말하면서 춤추기

- 이름으로 춤추기

나리야~~~, 영식!, 바~~람, 발~~~레, 나비 나비 나비야~~~, 헬-리-콥-터와 같이 표현하고 싶은 대상을 부르면서 리듬에 맞추어 표현하게 한다.

- 나는 ~~이 될꺼야!

발레리나, 변호사, 디자이너, 가수, 모델, 의사, 선생님이 될꺼야 라고 말하면서 표현을 하는 동안 유아들은 자신이 미래에 '어떤 사람이 되고 싶다' 라는 막연한 희망을 구체적으로 수립할 수 있는 계기를 마련할 수 있고 또, 다른 유아들의 얘기를 경청하는 가운데 직업에 대한 다양한 정보를 공유할 수 있게 된다.

- 나는 ~~이 되고 싶어

공주, 왕자, 새, 바람, 꽃, 구름 등과 같이 동화 속 주인공이나 자연을 표현할 수 있는 기회를 제공함으로써 유아들의 생각의 범위를 넓혀나갈 수 있는 기회를 부여한다.

• 그래-아니야, 맞아-틀려, 혹은 Yes - No dance

개인에 따라서 긍정과 부정에 대한 개념은 다를 수 있다. 이를 통해 유아들이 사회화 학습을 할 수 있고 또 자신의 행동이 혹은 습관이 다른 아이들과 다르구나 하는 것을 체험시켜 올바른 생활습관을 형성하는데 효과적인 학습이다.

• 나는 ~~이 좋아

나는 햄이 좋아, 나는 인형이 좋아, 나는 자전거가 좋아 등 다양한 내용들이 표현 될 것이다. 이를 통해 유아들이 어떤 환경에서 생활하고 있는지를 관찰 할 수 있기 때문에 유아들의 행동에서 나타나는 다양한 문제들을 이해할 수 있다.

(7) 교사의 지시 언어에 의한 즉흥

원으로 손을 잡고 즐겁게 리듬에 맞추어 춤을 추다가 교사의 지시 언어에 따라 움직임을 유도하는 수업으로 그 날의 수업 분위기에 따라 어떤 지시 언어를 줄 것 인가를 파악해야 한다.

- 가운데로 모이기 → 흩어지기
- 세 사람이 엉덩이 대기
- 친구 등 마사지 해 주기
- 친구와 함께 구르기
- 친구와 두 손 잡고 돌기!
- 기어가기 등과 같이 진행하면 된다.

유아들이 수업시간에 흥미 있게 참여할 수 있도록 하기 위해서는 평소 유아들이 어떠한 놀이 및 주제에 관심을 두고 열심히 수업에 참여하는지를 잘 관찰하여 주제어를 선정하고 또 다른 한편으로는 움직임의 기술을 단계적으로 발전시켜 나갈 수 있는 언어적 단서를 사용하여 움직임 기술까지도 효과적으로 발달시켜 나갈 수 있다.

2) 상상표현법

상상은 새로운 아이디어를 창출하는 정신적 활동이다. 상상의 세계는 순수한 시각, 청각 혹은 언어적 표현보다 더욱 더 생생하고 강렬한 기억을 남긴다. 유아무용에서 상상표현 학습은 유아가 생각하고 있는 것을 표출할 수 있는 능력을 기르는 것이다. 그러기 위해서 먼저 선행되어야 하는 학습은 표현(expression), 확장(expansion), 상상(imagination), 창작(creation)이다.

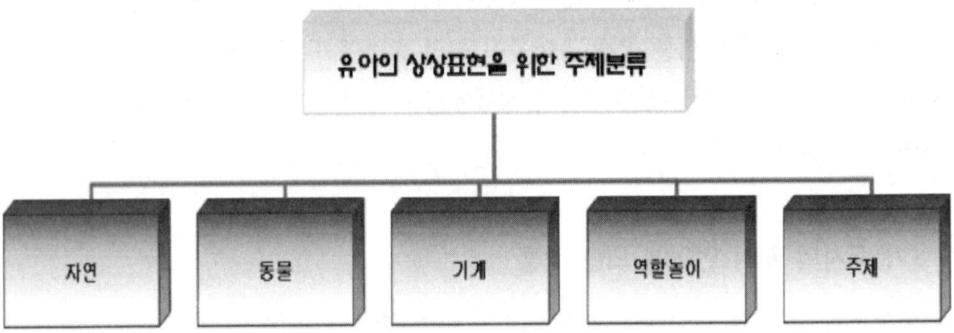

그림 3-5. 유아의 상상표현을 위한 주제분류표(김화숙, 2006)

상상표현은 다양함이나 기술적 향상보다 창의적인 표현에 중점을 둔다. 그러므로 유아들이 자신이 생각하는 내용에 대해서 밖으로 표출하는 행동을 충분히 활용할 수 있도록 하는 것이 중요하다. 이때, 교사는 유아들이 아이디어를 발전시킬 수 있도록 해 주는 것이 좋다. 그러기 위해서는 주제 선정이나 주제에 연상되는 음악을 비롯해 그에 따른 다양한 소품을 준비하는 것이 교사의 몫이다.

유아를 위한 상상표현 수업을 유도하기 위해 김화숙(2006)은 주제와 각 주제에 따라 내용을 다양하게 정리하였다〈그림 3-5〉. 이 외에도 더 많은 주제들은 교사의 성향이나, 학습의 내용, 학습자의 정도나 성격들을 고려하여 적절한 주제를 선택하는 것이 수업 운영에 효과적이다.

(1) 자연에 의한 상상

자연에 의한 상상은 유아들에게 자연에 대하여 생각할 수 있는 기회를 제공함과 동시에 자연에 대한 고마움을 느낄 수 있게 하는 수업이다. 자연을 생각하기 위해서는 우리가 생활하고 있는 주위의 여러 가지 요소들을 탐색해야 하므로 유아 스스로 우리가 살고 있는 혹은 살 수 있는 여러 가지를 생각하는 계기를 마련해 주는 것이다. 아울러 우리가 살고 있는 지구의 고마움과 지구를 지키기 위한 다양한 방법들을 고민하면서 성장할 수 있는 교육적 효과를 꽤할 수 있다.

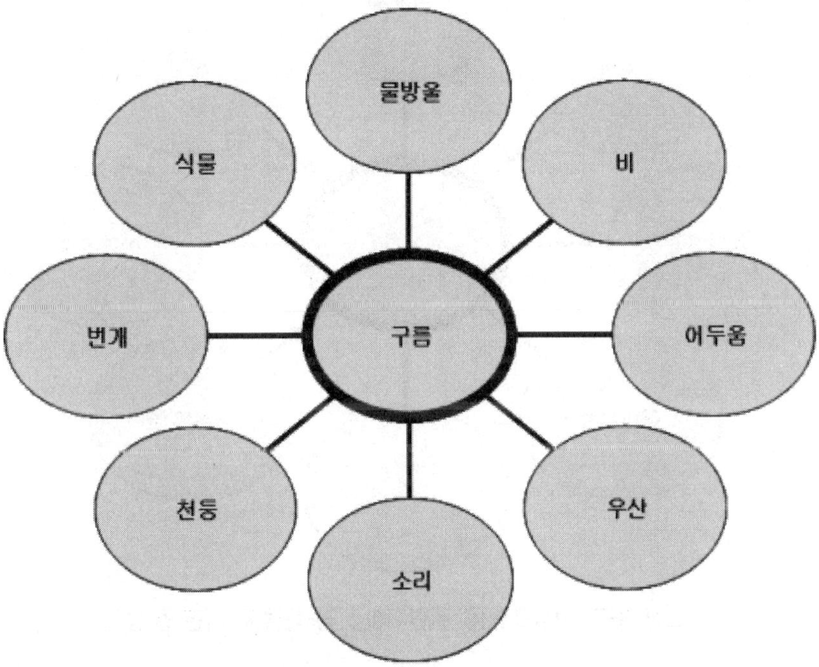

그림 3-6. 상상표현을 위한 개념 망-자연에 의한 상상

(2) 동물에 의한 상상

유아들은 동물의 움직임에 매우 흥미를 갖는다. 그러므로 유아기에는 동물을 대상으로 수업을 유도하는 것도 이러한 심리를 활용한 것이다.

특히, 유아들이 동물에 의한 상상을 할 수 있는 좋은 기회는 동물에 대한 수업 후라든지, 동물원 견학을 다녀온 다음이다. 이즈음에 유아들에게 표현할 수 있는 기회를 주는 것이 학습효과가 크다.

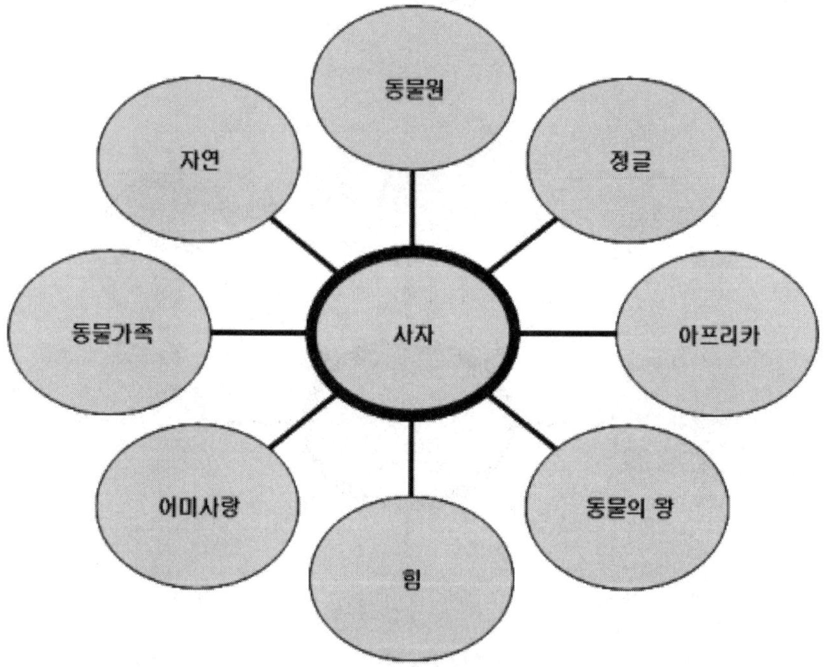

그림 3-7. 상상표현을 위한 개념 망-동물에 의한 상상

(3) 기계에 의한 상상

유아들은 기계들의 모양이나 움직이는 방법, 속도 등에 관심이 많다. 흔히 볼 수 있는 예로는 도로에 다니는 자동차들이 무슨 색인지, 어떤 모양인지, 바퀴가 어떤 모양인지 등에 대한 기억을 구체적으로 하는 것을 볼 수 있다. 이와 같이 유아들은 주위에 있는 기계들의 모양이나 움직임에 관심을 보인다. 예를 들면, 청소기, 믹서기, 시계, 자전거, 비행기, 오토바이 등이 대표적이다. 그 외에 유아들이 관심을 가지는 다양한 기계들을 활용하여 수업에 활용하면 된다.

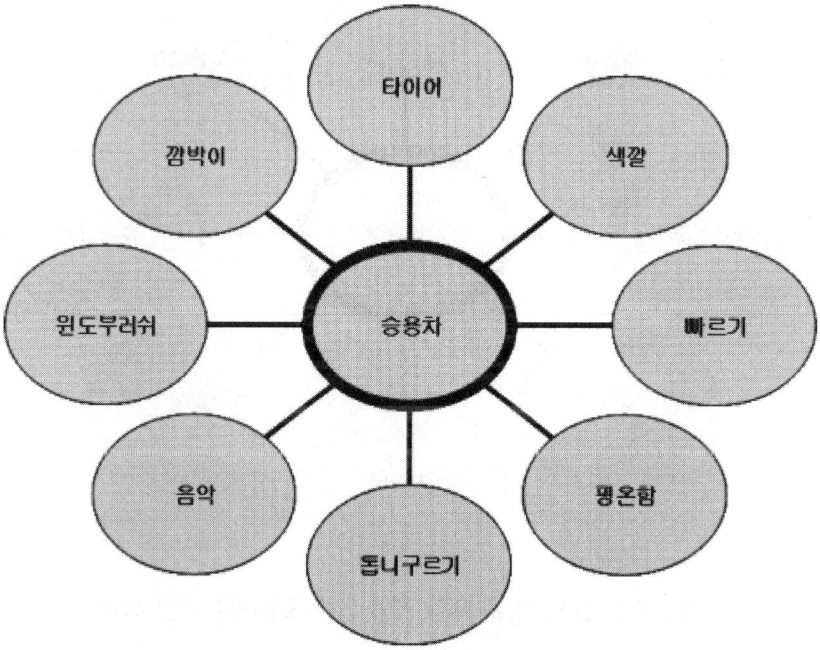

그림 3-8. 상상표현을 위한 개념 망-기계에 의한 상상

(4) 역할놀이에 의한 상상

유아들이 주로 좋아하는 역할놀이는 병원놀이, 아빠 엄마놀이(가족놀이), 유치원놀이에서 교사의 역할 등이 대표적이라 할 수 있다. 그 외에 교사가 좀 더 다양하게 생각할 수 있는 것으로는 꽃과 나비, 숲 속의 나무 등과 동물과 식물에 역할을 주고 이를 표현할 수 있도록 하는 것도 좋은 방법이다.

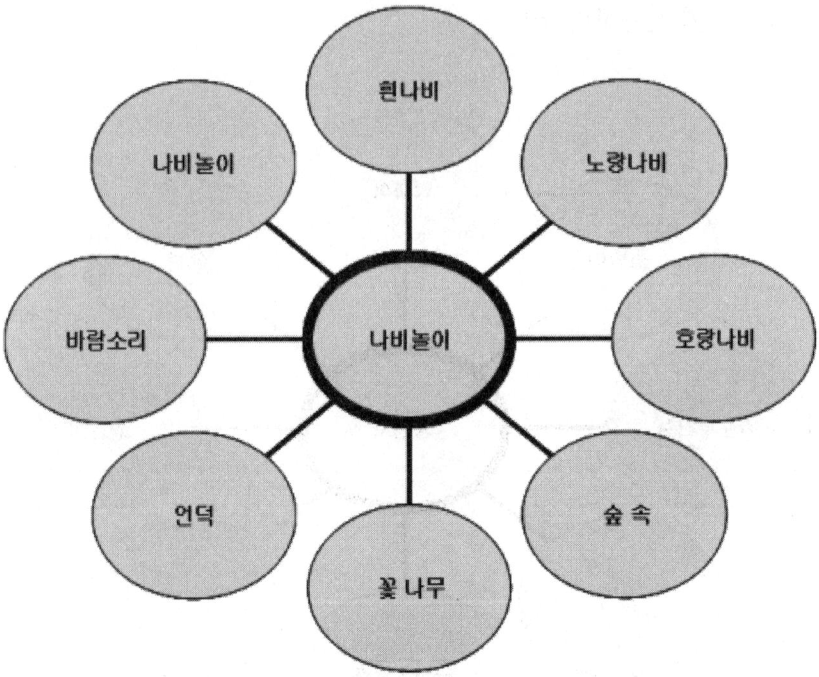

그림 3-9. 상상표현을 위한 개념 망-역할놀이에 의한 상상

(5) 주제에 의한 상상

하나의 주제를 선정하여 유아들에게 충분히 상상할 시간을 준 다음 이를 발표시키는 것이다. 이때, 교사는 유아들이 생각하여 표현하는 아이디어를 모아 내용을 종합하여 재미있는 스토리로 구성하거나 혹은 주제에 관련된 용어를 중심으로 교사의 지시어에 따라 리듬, 강약에 상징에 따라 표현한다.

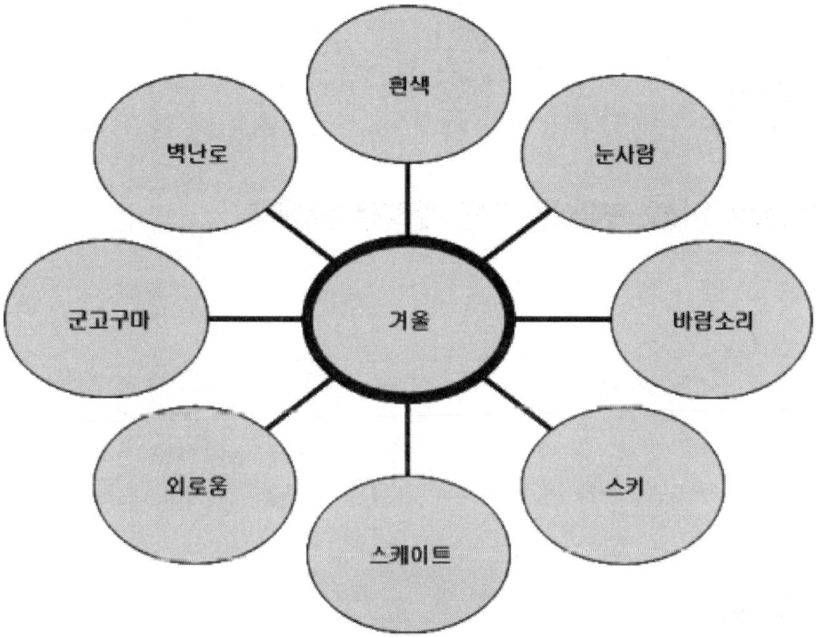

그림 3-10. 상상표현을 위한 개념 망-주제에 의한 상상

생각할 문제

문제1

Dance Play 영유아를 위한 창의적 동작교육

문제2

무용요소를 적용한 다양한 동작교육

part 4
유아기 무용교육 레퍼토리

1. 유아기 운동발달 단계와 무용동작

유아기는 인지적, 정서적, 사회적, 신체적으로 급격한 발달 양상을 보이며 매사 호기심의 욕구를 충족시키기 위하여 끊임없이 활동하는 특성을 갖는다. 이러한 특성은 다양한 감각을 발달시키고 통합해 나가는 과정을 통해서 인지발달로 이어진다. 따라서 유아무용 수업을 하기에 앞서, 유아의 운동발달의 단계를 이해할 필요가 있다.

유아기는 기본움직임을 습득하고 발달시키는 것은 매우 중요하다. 유아기에 발달되는 기본움직임은 이동, 비이동, 조작의 3가지 패턴이 있다. 이동패턴은 걷기, 달리기, 뛰기와 뛰어 넘기, 한 발로 두 번 뛰기, 오르기 등이 있고 비이동패턴은 구부리기, 늘이기, 돌기, 비틀기, 구르기, 정적 · 동적 균형을 위한 동작들이 있다. 마지막으로 조작패턴은 던지기, 받기, 차기, 굴리기와 같은 동작이다.

유아기에는 움직임의 기술이 경험에 따른 개인차가 크다. 그러므로 스스로 무엇이든 도전하는 적극적인 유아나, 움직임의 체험을 많이 할 수 있는 환경 아래에서 성장한 유아가 다양한 패턴의 동작 기술을 수행할 수 있다. 따라서 유아가 몸을 움직이려고 하지 않거나 성격적으로 소극적이고 겁이 많은 유아는 움직임에 대한 경험 부족으로 일상생활에서도 어려움이 따를 수 있다는 것을 이해할 필요가 있다.

유아는 몸을 움직이는 것에 대한 즐거움을 알면, 스스로 움직임의 활동에 적극적으로 참여하려고 하는 특성이 있다. 따라서 이 시기는 어떠한 움직임이라도 많은 경험을 할 수 있는 환경을 조성하는 것이 중요하다.

유아에게 무용을 지도하기 위해서 알아두어야 하는 움직임의 발달을 단계별로 구분하고 세부적인 동작들을 초보적 단계와 기본적 단계로 구분해 정리하였다.

1) 초보적 단계

유아들은 대체로 2세말 경이 되면 영아기 동안 발달시킨 초보적인 움직임의 능력이 완성된다. 이러한 능력은 유아기의 기본동작 능력과 아동기 및 청소년기의 특별한 동작기술에 기초가 된다. 그리고 유아기는 계속해서 움직이면서 자신들이 동작을 통제할 수 있는 가능성을 탐색하고 중력에 반하여 자신들의 근육조직을 통제할 수 있도록 반복적으로 많은 연습을 한다.

초보적 단계는 주로 2세 전후의 유아를 대상이며 유치원 취학 이전의 유아를 대상의 동작이다. 이 시기는 유아를 위한 동작이기에 앞서 부모와 함께하는 동작으로 구성하는 것이 여러 측면에서 학습의 효과를 높일 수 있다.

다음 표는 2세와 3세의 운동능력을 나타낸 것이다. 표에 제시 된 동작들을 부모와 함께 하거나 다른 발달단계의 그룹과 함께 할 수 있도록 학습 환경을 조성하면 좋다. 예를 들어 2세의 성큼성큼 걷기를 엄마와 함께 하기 위해서는 엄마와 손을 잡고 예쁘게 걷기, 로봇 걸음 걷기 엄마 따라 걷기로 지시하면 유아는 모든 행동을 성큼성큼 걷기로 하게 된다.

2세아	3세아
성큼성큼 걷기를 한다 달리기를 한다 흉내 내기 공을 양손으로 받는다 원안에 들어가고 나오기를 한다. 옆으로 돌기를 한다 뜀틀 오르기를 한다 무릎을 구부려 매달린다. 발을 뻗어 미끄러져 내려온다	스킵 토끼 뛰기 공을 던져 올렸다 받기 릴 굴리기 앞구르기를 한다. 오르기, 내리기, 빠져나가기를 한다. 매달려서 이동한다. 그네타기를 한다. 발을 올리고 미끄럼 타기 정글짐이동하기

그림 4-1. 초보 움직임 단계에 따른 움직임 능력의 예

2) 기본적 단계

기본적 단계의 움직임은 3~7세에 해당하는 유아들에게 해당하는 단계이다. 이 시기는 움직임의 기술이 발달하는 시기이다. 따라서 위의 기본적 동작들을 중심으로 다양한 무용동작들을 체험할 수 있는 기회를 제공해야 한다.

Gallahue(1998)는 유아기 움직임의 발달에 기초하는 기본동작을 안정적,

이동적, 조작적인 동작으로 구분하였다. Gallahue(1998)가 정의한 안정적 동작은 대근을 활용하는 것으로서 움직임의 기초적인 기술을 익히는 것을 말한다. 안정적 동작의 발달은 신체의 균형을 조절할 수 있는 능력을 향상시키는 것이며 이동적 동작으로 발달시킬 수 있는 능력을 기르는 것이다.

기본운동 단계에서의 비이동, 이동, 조작동작에 대한 예시와 이에 따른 무용동작들을 구분해 보았다. 비이동 동작은 돌기, 구르기, 한 발로 서기, 균형 잡기, 매달리기, 타기, 건너기, 물구나무서기, 뜨기 등과 같은 동작과 같이 이동거리가 없는 동작들이다. 이러한 동작들을 무용 동작에서는 턴, 피루엣, 바뜨망, 플리에, 아라베스크, 컨츄레이션, 맴체와 휘돌기, 연풍대와 같은 동작들이 대표적이라 할 수 있다.

이동동작은 유아들이 자신의 신체 조절 능력이 어느 정도 발달한 상태에서 움직일 수 있는 동작들을 말한다. 이러한 이동동작을 무용동작에서 찾아보면 샹쥬망, 스몰 점프, 립, 쏘떼, 씨쏜느, 그랑주떼, 글리싸드, 디딤체, 종종체, 잔걸음 등의 동작들이 있다.

조작동작은 신체를 다루는 능력과 신경계의 발달 간에 상호관련이 있는 움식임을 말한다. 따라서 조작동작은 자신의 신체조절 능력과 물체와의 관계에서 이루어지는 기술적 발달로 무용에서 가장 많이 다루어야 하는 동작이다. 왜냐하면 무용학습에서는 도구 및 소품 활용과 밀접한 관련이 있기 때문이다.

기본움직임 단계에서 4세에서 5세가 수행할 수 있는 기술들을 아래 〈그림 4-2〉에 소개해 두었다.

4세아	5세아
앉아서 양발 뛰기로 일어나기 공을 바운드시켜 잡기 줄넘기 앞으로 뛰기 연속 앞구르기	릴레이 댄스 V자 균형 잡기 달리면서 목표물 차기 후프 돌리기(조작하기) 앞구르기, 뒤구르기 뛰어넘기

그림 4-2. 기본 움직임 단계의 운동능력의 예

표 4-1. 기본적 운동 단계에 따른 움직임 능력의 예

운동발달 단계 / 분류 (카테고리)	기본적 운동 단계(2~7세) Rudimentary Movement Phase 초보적 · 기초적 운동 기능 Rudimentary Movement Patterns	
	기본움직임	기본움직임(무용동작)
비이동 동작 Stability Movements	돌기, 구르기, 한 발로 서기, 균형잡기, 매달리기, 타기, 건너기, 물구나무서기, 뜨기	턴, 삐루엣, 바뜨망 플리에 아라베스크 컨츄레이션 맴체와 휘돌기, 연풍대
이동 동작 Locomotor Movements	달리기, 서기, 뛰어넘기, skip(한 발로 두 번식 번갈아 뛰기), hop(한 발로 뜀), galop, 뛰기, 뛰어 올라 내리기, 기어오르기, 달려들기, 뛰어넘기, 넘어 타기, 바꾸기, 빠져나가기, 미끄러지기, 헤엄치기	샹쥬망, 스몰 점프, 립 쏘떼, 씨쏜느, 그랑쥬떼 글리싸드, 디딤체 종종체 잔걸음
조작 동작 Manipulative Movements	던지기, 차기, 치기, 치기(공치기), 때리기, 붙잡기, 잡기, 옮기기, 업기, 내려놓기, 밀기, 당기기, 젓기	소품을 활용한 무용작품

위의 표에서 나타난 기본동작의 비이동, 이동, 조작과 관련한 활동은 유아기에 주로 많이 다루게 되는데 이 시기에 기본동작을 충분히 학습하면 창의적 표현활동과 신체를 기술적으로 묘사할 수 있는 능력을 발휘할 수 있는 기초가 된다.

2. 유아발레의 기본동작

유아에게 있어서 발레는 무엇보다도 움직이는 즐거움을 느낄 수 있게 한다. 그러므로 흥미를 유발하고, 발달단계에 맞는 동작을 구분하여 지도하는 것이 중요하다. 유아기 발레수업은 발레리나를 위한 혹독한 훈련이나 테크닉 수업이 아니라 통합교육에 따른 전인발달에 목적을 둔다.

이 시기는 발레의 완벽한 포지션이나 기술보다는 발달에 적합한 동작이

나 자세, 스트레칭에 초점을 맞추어서 지도하도록 한다. 그리고 유아의 발레수업은 관절의 가동범위와 근력의 정도 및 수준별 움직임 등에 대한 세심한 배려가 있어야 한다.

다음은 유아발레 교육현장에서 가장 많이 사용하는 기본동작들을 중심으로 지도방법이다. 발레는 처음에 프랑스의 왕실과 예술협회에서 양성되었기 때문에 모든 발레의 방향, 동작, 스텝 등의 발레용어는 프랑스식 이름으로 되어있다.

1) 팔 포지션

기본 팔의 명칭과 자세는 교수법에 따라 차이가 있으나, 가장 일반적이고 기본적인 팔 동작을 중심으로 소개하면 다음과 같다.

(1) 앙바 (en bas)

모든 팔 자세의 기본이 되는 위치를 앙바 (en bas)라 하며, 이 포지션에서 팔의 5가지 포지션이 만들어진다. 이는 '팔을 내린다'는 뜻으로 팔을 쉴 수 있게 하는 가장 좋은 자세이다. 이때, 어깨의 힘을 빼고, 팔꿈치는 옆으로 열며, 엄지손가락과 중지손가락이 가깝게 위치하도록 한다.

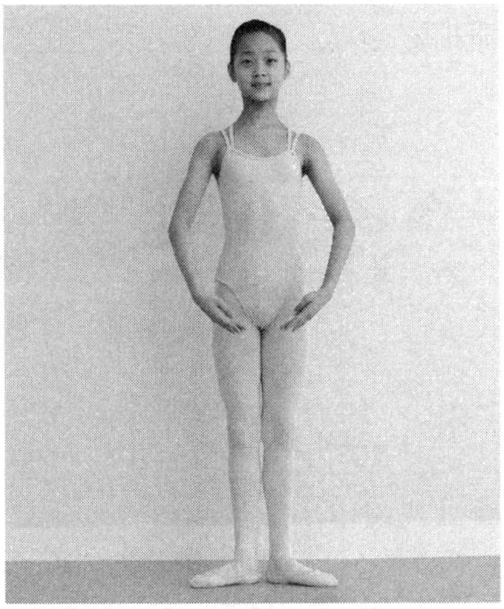

(2) 앙나방 (en avant)

양 팔꿈치를 구부려 둥글게 만들어서 앞으로 들어 올려 가슴위치까지 올린다. 이때, 어깨가 올라가지 않도록 하며, 팔꿈치가 떨어지지 않도록 주의한다.

(3) 알 라 세콩드 (a la seconde)

양팔을 어깨 높이까지 옆으로 들어올리며, 몸통보다 살짝 앞으로 내민다. 이때, 어깨의 힘을 빼고, 손바닥이 중앙의 정면을 향해 양팔을 부드러운 곡선으로 유지하도록 한다.

(4) 앙호 (en haut)

양팔을 높이 올리고 머리 위에 위치한 양손은 몸보다 약간 앞으로 기울어지도록 한다. 이때, 어깨가 올라가지 않게 하고, 손바닥은 앞 쪽이 아니고 자신의 머리 쪽을 향하게 한다. 팔꿈치가 모이지 않도록 주의한다.

2) 발 포지션

발레에서 발의 다섯 가지 동작은 17세기 삐에르 보샹(Pierre Beauchamps)에 의해 확립되었다. 발의 다섯 가지 동작에 기초가 되는 것은 양발을 180° 턴 아웃(Turn-out:다리를 벌리는 것) 하는 것이다. 그러나 이 동작을 무리해서 무릎보다 뒤쪽으로 가져가게 하는 것은 바람직하지 못하다. 발 포지션에서 무리한 턴 아웃은 발목에 문제를 유발하거나 장애를 일으키는 원인이 될 수도 있기 때문이다. 특히 유아에게는 턴 아웃의 무리한 동작을 요구하지 않도록 한다.

(1) 1번 포지션

다리는 엉덩이에서부터 턴 아웃하여 양발의 뒤꿈치와 무릎은 붙이고 발끝은 되도록 바깥쪽을 향해서 일직선이 되게 한다.

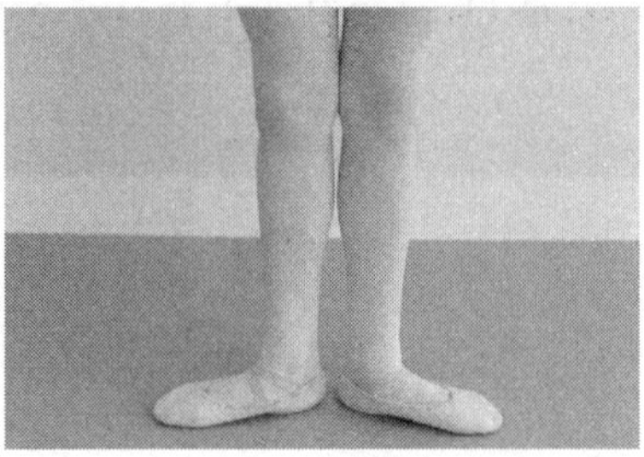

(2) 2번 포지션

1번 포지션의 자세와 같이 엉덩이에서부터 턴 아웃을 하고 양발의 간격은 어깨넓이 만큼 벌리고 발끝은 되도록 바깥쪽을 향하도록 한다.

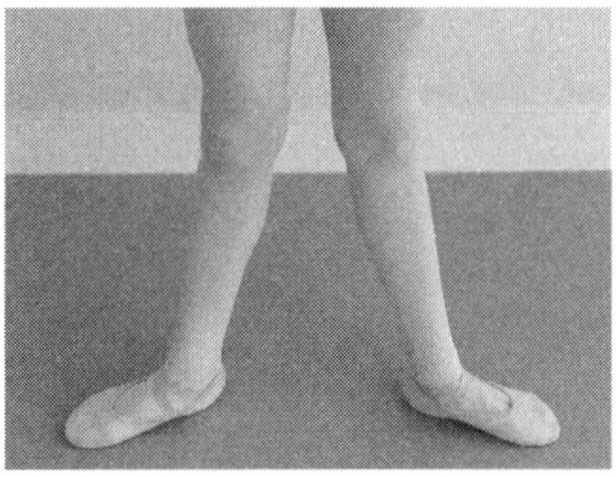

(3) 3번 포지션

다리는 엉덩이에서부터 턴 아웃하고, 한쪽 발의 뒤꿈치가 다른 발의 발뒤꿈치에 닿게 한다. 이때, 발끝은 되도록 바깥쪽을 향해 있도록 한다.

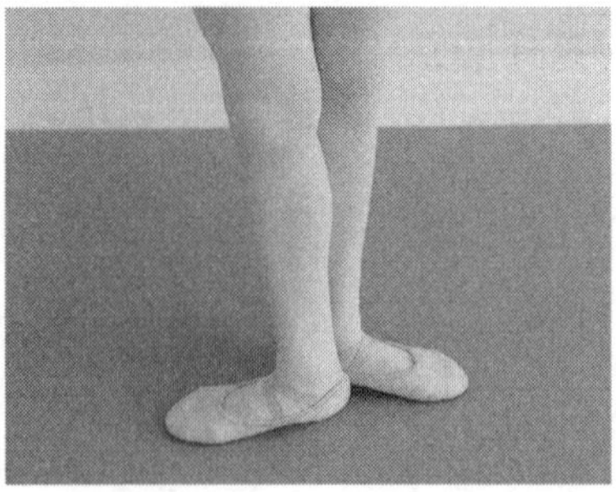

(4) 4번 포지션

다리는 엉덩이에서부터 턴 아웃하고 제1포지션과 같이 좌우의 발꿈치가 전후 일직선으로 바라보게 발을 벌린다. 그리고 양 발의 전후의 간격은 자신의 발 하나 길이만큼 거리를 둔다.

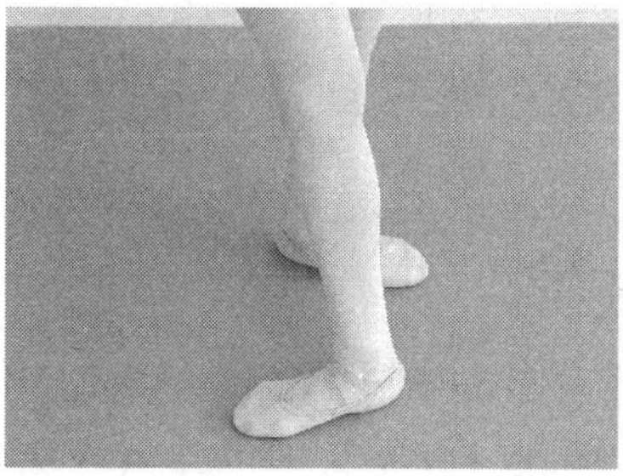

(5) 5번 포지션

다리는 엉덩이에서부터 턴 아웃 한다. 한쪽발의 뒤꿈치가 다른 한발의 발끝 옆으로 온다. 이 때 유아들에는 턴 아웃 하는 것을 무리하게 강조하지 않도록 한다.

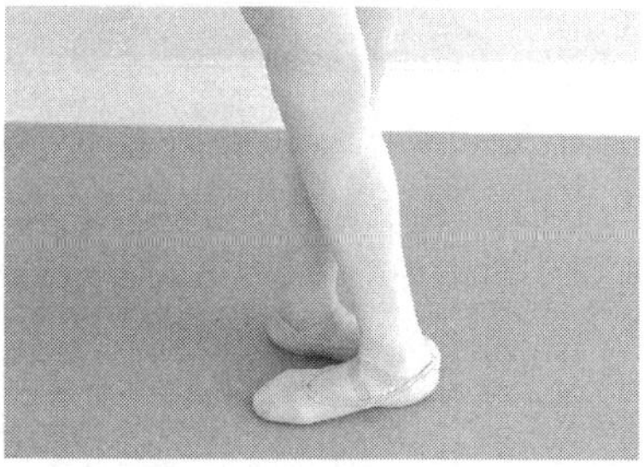

3) 발레의 초급단계 (Preprimary Grade)

발레의 초급단계는 유아기 신체발육에 긍정적 영향을 미치는 동작이다. 특히 초급 단계의 동작들은 파트너와 같이 하거나 혹은 혼자 신체를 다양하게 변화 시키는 방법을 익힐 수 있는 동작이다.

(1) 올바른 자세

유아들에게 발레를 처음 가르칠 때에는 먼저, 올바른 등(척추)의 자세와 머리의 위치, 호흡에 대해 이야기하고 편안한 마음으로 수업에 임하도록 한다. 턱은 바닥과 평행이 되게 하고 눈은 똑바로 앞을 바라보면서 목을 충분히 길게 세운다.

유아들은 대부분 예쁜 발레리나의 옷을 입고 춤추는 것을 좋아한다. 그러나 이때 무릎을 덮는 긴치마를 입는다거나, 장식이 많은 옷을 입지 않도록 주의한다.

(2) 발끝을 펴고 걷기

이 동작은 발레를 수업하기 위해서 첫 번째로 연습하는 동작이다. 유아들이 발끝을 펴고 걷기를 함으로써 동작이 훨씬 가볍고 예쁘게 보일 뿐만 아니라 스스로도 새로운 걸음걸이를 경험하면서 신미감과 호기심을 갖게 된다. 아울러 바른 자세를 형성하는데 효과적이다.

(3) 포인(Point) 연습

포인(Point)은 바닥에 앉아 양다리를 앞으로 쭉 뻗고, 등을 똑바로 세운 뒤, 양손을 넓적다리 위에 놓거나 살짝 옆으로 벌려 편안한 자세로 비스듬히 늘어뜨리는 자세를 취한 후에 발목부터 발끝까지 아래로 충분히 누르는 자세이다. 이때 양다리는 무릎을 바닥에 붙이고 발끝을 쭉 편 채로 있어야 한다.

(4) 플렉스(Flex) 연습

플렉스(Flex)는 바닥에 앉아 양다리를 앞으로 쭉 뻗고, 등을 똑바로 세운 뒤, 양손을 넓적다리 위에 놓거나 살짝 옆으로 벌려 편안한 자세로 비스듬히 늘어뜨리는 자세를 취한 후에 다리를 가지런히 하고 무릎은 바닥에 붙인 후 뒤꿈치를 몸통으로 향하게 하여 발끝을 위로 올린다.

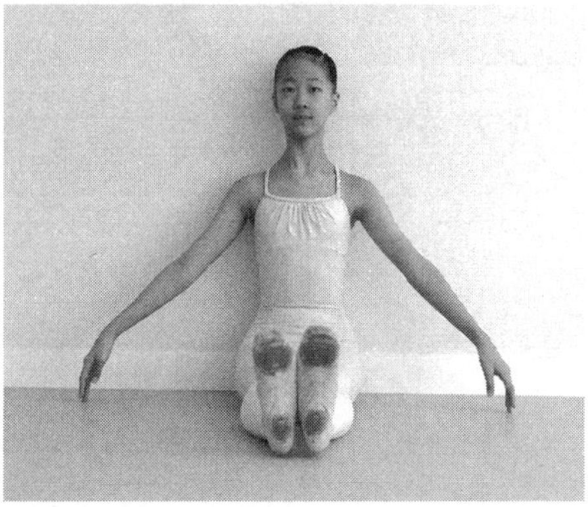

(5) 드미 쁠리에 (Demi-plié)

드미 쁠리에(Demi-plié(s))는 '반 정도 다리를 굽히는 동작'으로 넓적다리의 제일 윗부분에서 시작하여 무릎을 거쳐 발목에 이르기까지 다리를 구부린다.

이 동작을 시작할 때는 두발에 몸무게가 똑같이 실리도록 한다. 우선 1번 발포지션(양 뒤꿈치를 붙이고 발끝이 턴 아웃한 상태)에서 등을 곧게 펴고 균형을 잘 잡을 수 있도록 무릎을 단단히 붙이고 선다. 그 다음으로 창을 열듯이 양옆으로 무릎을 천천히 구부리면서 다시 천천히 다리를 원래의 곧게 뻗은 자세로 되돌아오게 한다. 이때, 발뒤꿈치가 바닥에서 떨어지지 않도록 하며, 등은 바르게 편 상태를 유지하면서, 양 무릎이 안쪽으로 쏟아지지 않도록 주의한다.

이 동작은 다리에 탄력을 주고, 무용동작의 경쾌함을 주게 되며, 몸의 혈액순한을 돕는다.

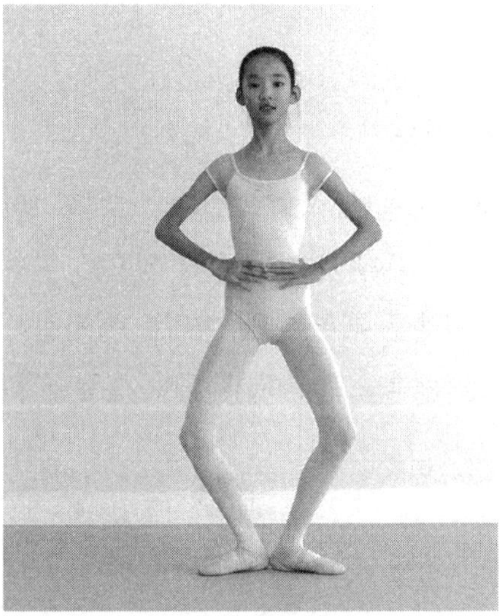

(6) 를르베(Releve)

를르베(Releve)는 '끌어 올리다' 란 뜻으로 데미쁠리에와 연결해서 이루어지는 동작이다. 발뒤꿈치를 바닥으로부터 들어 올리는 동작으로 등을 곧게 세운 상태에서 넓적다리를 위로 길게 끌어올려 무릎을 편 상태로 유지한다. 이 동작을 처음 실시할 때에는 선생님이 손을 잡아 유아가 몸을 지탱할 수 있도록 도와주는 것이 좋다.

이 동작은 발의 기능과 유연성 조절 능력을 향상시키며, 점프동작을 위한 준비연습이 되기도 한다.

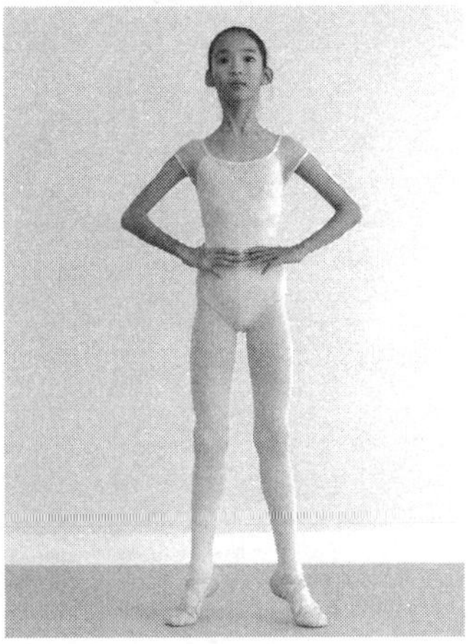

를르베

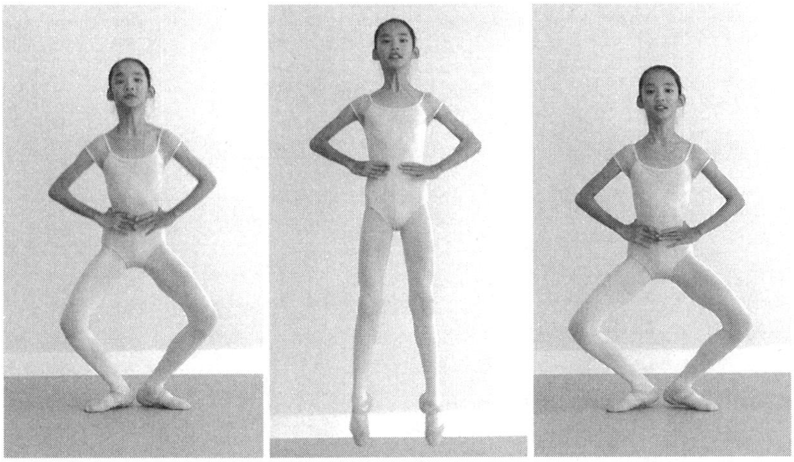

점프 1, 2, 3

(7) 턴듀(Tendu)

턴듀(Tendu)는 '길게 뻗은'이란 뜻으로 두발을 모은 자세에서 시작하여 발등을 길게 뻗은 상태로 바닥을 따라 발을 뻗는다. 그리고 움직이는 다리를 지탱하는 다리에 모은다. 이때 등과 머리는 반듯이 세우고 발끝은 바닥에서 떨어지지 않는다. 몸의 중심이 지탱하는 다리에서 벗어나지 않도록 주의하고 옆 방향 연습을 시작으로 앞, 뒤 방향으로 진행할 수 있다.

이 동작은 발의 힘을 길러주며, 중심이동에 도움을 준다.

(8) 레베랑스 (Récérence)

레베랑스 (Récérence)는 '인사'로 정성을 들인 단순한 동작의 형태로 이루어진다. 여자들은 한쪽 발을 뒤로 빼고 무릎을 굽히며 고개를 살짝 숙이며, 남자는 단순하게 앞으로 이동하며 팔을 옆으로 둔 채 머리를 앞쪽으로 굽혀 인사한다.

팔은 다양하게 사용될 수 있으며, 동작 시 상대방을 향해 한쪽 팔은 앞으로 들고, 반대쪽 다리는 뒤로 빼서 균형을 잡는다. 비틀거리지 않으려면 등을 꼿꼿이 세워야 한다. 그리고 윗몸을 세우고 천천히 무릎을 구부리면서 고개를 살짝 숙인다.

3. 유아무용 레퍼토리 구성

유아는 움직임을 통하여 자신의 감정과 느낌을 표현하고 주변을 탐색하고 세상과 소통하는 방법을 배우게 된다. 이 장에서는 유아의 신체활동에 도움을 주는 움직임과 레퍼토리 구성의 예를 다루도록 하겠다.

1) 유아 신체 활동 전 근육강화 및 유연성을 위한 동작의 예

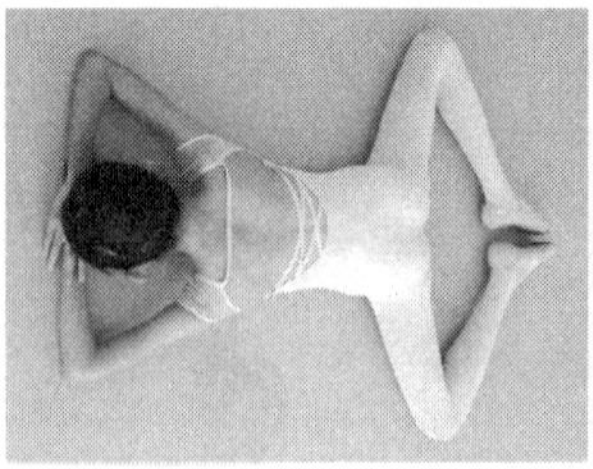

개구리

고양이자세

고양이자세 2

목운동1

목운동2

목운동3

목운동4

오뚜기1

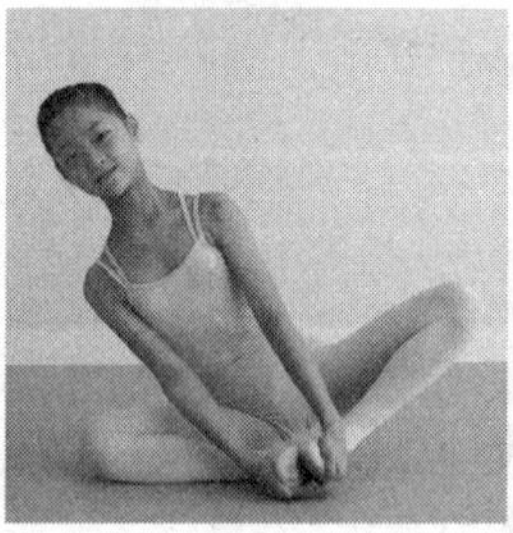

오뚜기2

오뚜기3

슈퍼맨

허리들기1

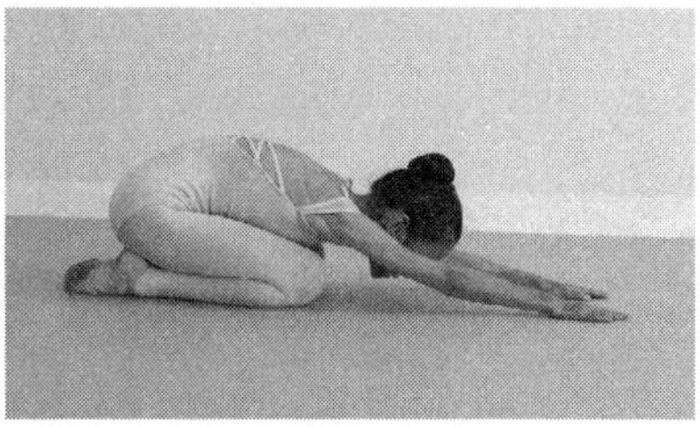

허리들기2

해뜨기1

해뜨기2

다리 뒤로 들기

한발 중심잡기

시소놀이

친구와 가까이

친구와 함께

인어공주

산만들기

터널만들기

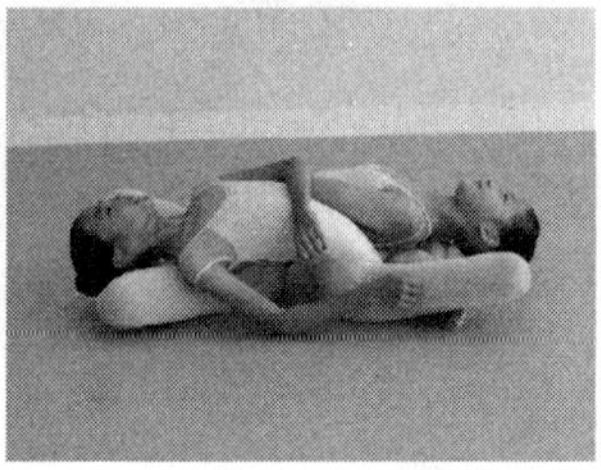

침대되어주기

2) 유아 무용교육 레퍼토리의 예

(1) 준비운동

유아들에게 레퍼토리를 지도하기 전 몸과 마음을 준비시키기 위한 동작으로 스트레칭 동작으로 활용할 수 있다.

친구와 함께

- 음악: Adagio
- 대형: 자유대형
- 주요동작: 스트레칭(stretching)

활동목표

- 신체 조절 능력을 기른다.
- 유연성을 기른다.
- 몸의 자세를 바르게 한다.

준비물

- 음악, 편한 복장

활동방법

- 동작을 따라 해 본다.
  - 움직임들을 한 가지씩 함께 해보자.
  - 몸을 천천히 움직이며 팔과 다리를 쭉쭉 펴보자.
  - 이렇게 몸을 쭉쭉 뻗으면 어떤 점이 좋을까?

- 활동에 대해 평가한다.
  - 음악에 맞춰 몸을 쭉 펴거나 굽혀보니 기분이 어떠니?
  - 몸을 더 잘 구부릴 수 있도록 하려면 어떻게 해야 할까?

① 등을 곧게 펴고 무릎을 뻗고 앉는다. 양팔을 둥글게 하여 머리 위까지 올려 준비한다.

② 두 팔을 천천히 발끝으로 곧게 뻗어 내린다(8박).

③ 두 팔을 머리 위로 올린 후(4박) 한 팔씩(4박) 옆으로 내린다.

④ 오른손은 바닥을 짚고 왼팔을 쭉 펴서 오른쪽 옆으로 천천히 구부린다(8박).

⑤ 왼손은 바닥을 짚고 오른팔을 쭉 펴서 왼쪽 옆으로 천천히 구부린다(8박).

⑥ 오른발(4박)과 왼발(4박)을 차례로 앞으로 당겨 접고 두 손으로 발을 잡는다.

⑦ 등을 고양이처럼 구부렸다가(4박) 가슴을 내밀며 편다(4박).

⑧ 오른발을 구부리고 왼발은 옆으로 쭉 편 후, 상체를 오른발을 향해 틀어서 앞으로 숙인다(8박).

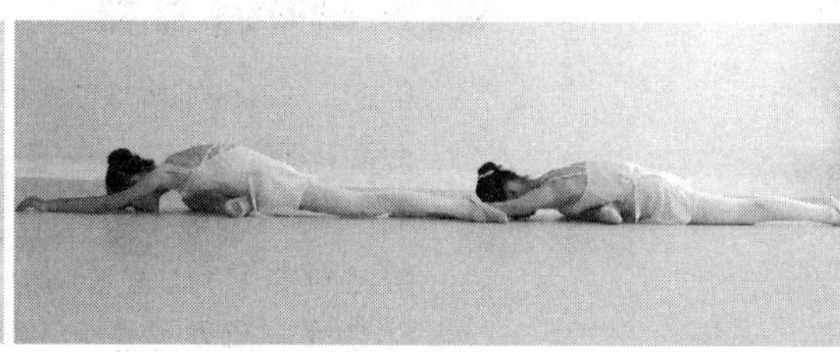

⑨ 오른손은 짚고 왼 팔을 쭉 펴서 활모양을 그리며 몸을 일으킨다(8박).

⑩ ⑧과 반대방향으로 같은 동작을 한다(8박).

⑪ ⑨와 반대방향으로 같은 동작을 한다(8박).

⑫ 두 다리를 모아 최대한 몸을 작게 웅크리며 마무리 한다.

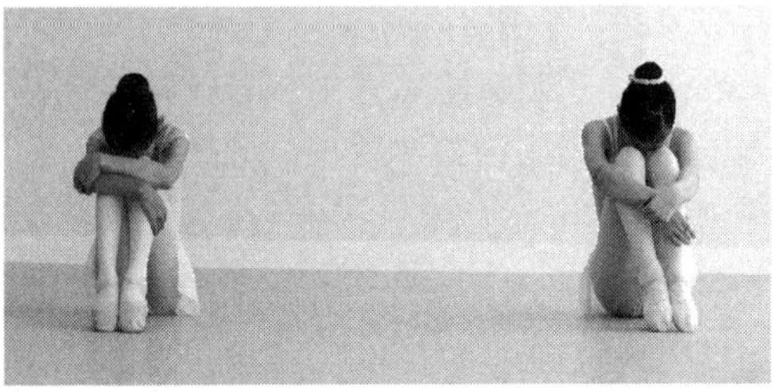

이렇게도 할 수 있어요

- 두 명의 유아가 마주보고 함께 할 수 있다.
- 동작에 맞춰 유아들이 노래를 만들어 볼 수 있다.

Tip 스트레칭을 할 때

- 동작을 무리해서 하지 않는다.
- 숨을 내쉬면서 몸을 쭉 펴도록 한다. 들숨과 날숨으로 몸의 이완을 도울 수 있다.
- 첫 번째 동작에서 팔을 다리 위로 쭉 뻗는 스트레칭을 어려워하는 경우 골반부터 발목 쪽으로 손을 터치하며 아래로 내려가는 동작으로 변형하면 편안하게 스트레칭을 할 수 있다.

(2) 음악에 맞춘 춤

유치원 현장에서 음악 감상용으로 활용하는 음악을 중심으로 유아들이 쉽게 몰입하고 서정성이 있는 곡을 선정하여, 유아 운동발달 및 표현능력을 고려하여 동작을 개발한 춤으로 유아신체활동 자료집에 소개된 레퍼토리를 소개하고자 한다.

가보트

- 음악: 가보트 • 대형: 자유대형 (듀엣)
- 주요스텝: 발란세(Balance) 쿠페(Coupe)

활동목표

- 음악의 분위기에 맞춰 자신의 생각을 자연스럽게 움직임으로 표현한다.
- 음악에 맞춰 주요스텝을 표현해 본다.
- 친구와 함께 즐겁게 춤을 춘다.

준비물

- 음악, 스카프

활동방법

- 음악을 감상하고 느낌을 이야기한다.
  - 이 음악을 들으니 어떤 느낌이 드니?
  - 어떤 움직임이 생각나니?

- 음악과 춤의 유래에 대해 이야기한다.
  - 이 음악은 '고색'이라는 작곡가가 옛날 궁중의 남녀 귀족들이 춤을 추기위해 만든 경쾌한 곡이란다.

- 주요 동작을 익힌다.

유형	방 법
발란세(Balance)	가벼운 왈츠동작으로 좌우 혹은 앞뒤로 사뿐히 3보로 움직인다. 오른발부터 디디고 바로 왼발이 오른쪽 발끝으로 찍고 다시 오른발을 디디면서 왼발을 든다.
쿠페(Coupe)	쿠페는 '자르다'라는 의미로 다른 스텝의 준비나 추진력으로 행해지는 작은 중간 동작이다.

• 가보트 동작을 익힌 후 음악에 맞춰 춤을 춰본다.

① 손등을 입술에 살짝 대고 아래로 내리면서 왼발은 구부린 채 오른발을 힐 런지 한다. 반대쪽으로 실시한다(16박).

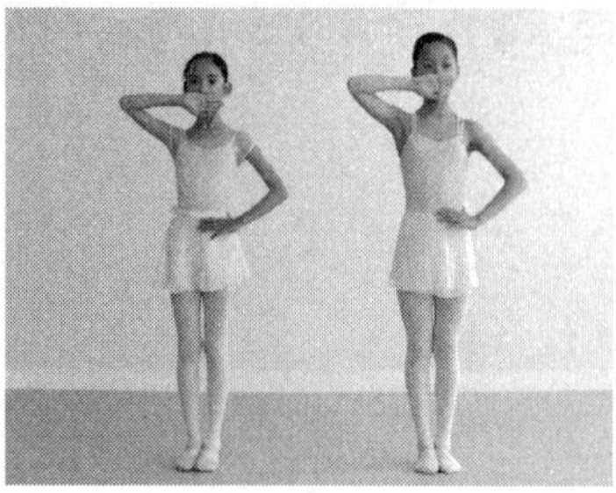

② ①의 동작을 반대 방향으로 반복한다.

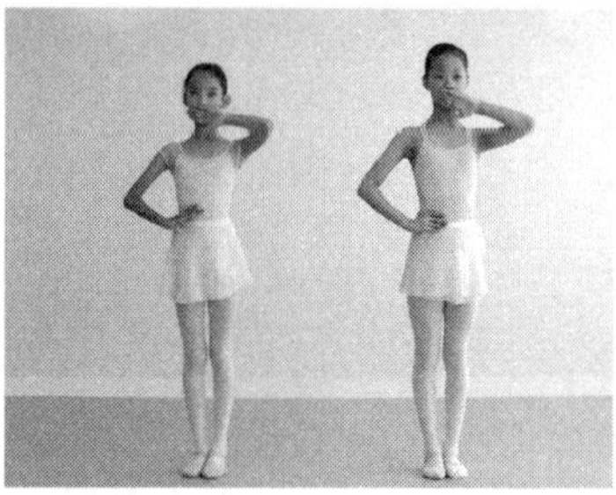

③ 짝과 오른팔을 뻗어 손등을 맞대고 오른발을 축으로 왼발을 뒤로 찍으며 8박자 돈다. 왼쪽으로도 실시한다(32박).

④ 사선으로 발랑세 스텝을 오른쪽과 왼쪽으로 실시한 후 오른쪽으로 워킹 스텝하며 한 바퀴 돌고 왼쪽으로도 실시한다(32박). 2번 반복한다.

⑤ 오른발 앞에 5번 발 포지션한 후 왼발부터 쿠페로 작게 4번 점프하여 5번째 다리를 모아 점프 후, 다리를 바꿔 왼쪽으로 실시한다(16박).

⑥ ⑤의 동작을 반복한다.

⑦ ③의 동작을 반대 방향으로 반복한다.

- **춤을 추고 난 뒤 평가한다.**
  - 어떻게 하면 더 멋있게 춤을 출 수 있을까?
  - 친구와 함께 손을 맞대고 춤을 추니 어떤 느낌이 들었니?

이렇게도 할 수 있어요

- 등을 꼿꼿이 세우고 눈으로 보는 것이 아니라 코끝으로 본다는 느낌으로 춤을 추면 궁정시대의 귀족처럼 춤추는 분위기를 낼 수 있다.
  - 처음에는 4명이 춤을 추다 점점 인원을 늘려 10명 정도 소그룹으로 함께 춤을 출 수 있다.
- 손목에 스카프를 묶고 춤을 추면 색다른 분위기를 낼 수 있다.

Tip <가보트> 이야기

동가보트는 17~18세기 프랑스와 영국의 궁정에서 유행했는데 궁중 무도회에서 이 춤을 출 때는 원을 그리면서 즉흥적으로 남·여가 춤을 추다가 파트너에게 키스하는 것으로 끝을 맺었다. 그 뒤 더욱 격식을 갖추게 되면서 키스 대신 꽃을 교환했다. 18세기 프랑스 궁정에서는 정중한 스타일로 춤을 추었으나 나중에는 화려한 춤으로 바뀌게 되었다.
손목에 스카프를 묶고 춤을 추면 색다른 분위기를 낼 수 있다.

생각할 문제

문제1

전공 별 준비동작 및 레퍼토리

문제2

도구를 활용한 레퍼토리

part 5

유아무용 교수학습과정안 설계

1. 유아무용 교사의 자질

유아무용 교사가 갖추어야 할 자질은 무엇보다도 유아를 사랑하는 마음이다. 그리고 유아에 대한 이해와 무용에 관한 전문적 지식을 고루 갖춘 사람이어야 한다. 유아무용 교사는 현 누리과정의 목표에서 제시하는 바와 같이, 유아 각자가 독창적이고 독특한 능력을 발휘할 수 있는 창의적인 사람으로 자라게 하도록 도와주는 역할이 필요하다. 아울러 무용의 요소로 신체활동과 예술활동 등 광범위한 범위에서 무용을 다룰 수 있어야 한다. 따라서 유아에게 무용을 지도하려는 교사는 전인교육의 목적을 달성할 수 있는 전문적인 계획이 설계할 수 있는 전문가이어야 한다.

유아에게 무용을 지도하기 위해서는 무용을 지도할 수 있는 지도력의 자질을 길러야 한다. 현재는 우리나라는 유아무용교육 전문가 양성을 위한 교육기관은 없다. 따라서 이 영역은 사설 협회 혹은 별도 전문교육기관에서 학습을 받아야 하는 실정이다.

유아에게 무용학습을 지도하기 위해 지도자 자질로 필요한 내용을 몇 가지로 구분하여 살펴보았다.

1) 개인적 자질

최근 유아학대, 유아 인권보호에 대한 사회의 이슈로 인해 유아교사들의 자질에 대한 논란이 일어나고 있는 가운데 유아무용 교사들이 갖추어야 할 자질에 대해 생각해 보았다. 무용교사는 반드시 유명한 무용수 출신일 필요는 없으나, 항상 진심으로 관심을 가지고 유아를 잘 이해 할 수 있어야 한다. 유아들의 표현이나 동작에 대한 피드백을 줄 수 있어야 한다. 그러므로 유아무용 교사가 갖춰야 할 개인적 자질에 대해 몇 가지를 정리하면 다음과 같다.

(1) 건강한 사람

건강은 신체적 정신적으로 건강한 사람을 말한다. 유아기는 모든 것을 흡수하듯이 수용하는 시기이므로, 이때 학습된 내용은 인생에 큰 영향을 미치게 된다. 따라서 유아가 만나는 교사는 건강한 에너지를 지닌 사람이어야 한다.

(2) 사명감

유아들은 가정을 떠나 처음으로 집단생활을 경험하는 시기이므로 모든 환경이 낯설고 두렵다. 따라서 유아를 만날 때는 온화한 성품으로 다가가 유아가 표현하고자 하는 것을 마음껏 발휘할 수 있도록 하는 역할자로서 최선을 기울여야 한다. 따라서 유아를 계속해서 관찰하고 이끌어 줄 수 있는 인내심과 함께 많은 에너지를 필요로 한다. 이는 유아를 잘 지도하고자 하는 사명감이 있어야 가능한 일이다.

(3) 품위

유아를 지도하는 무용교사는 수업을 운영하는 방식과 태도는 다양할 수 있으나, 유아와 대면하는 동안의 품위를 잃어서는 안된다. 유아를 지도하는 무용교사로서의 품위란 언행이나 복장에 있어서 단정함을 유지해야 한다. 교사가 학생들에게 반말을 한다거나, 지시형의 언어를 사용하는 것을 지양해야 한다. 그리고 무용교사로서의 복장을 예의 있게 갖춰 입는 것도 중요하다. 특히, 복장은 유아들이 활동을 하는데 방해되는 장식품을 착용하거나, 화려하게 화장을 하는 것은 옳지 않다.

2) 전문적 자질

유아무용 교사의 전문적 자질은 크게 두 가지로 말할 수 있다.

(1) 전문성

유아무용 교사는 나이와 수준을 고려한 수업을 계획할 수 있는 전문적 지식이 필요하다. 유아무용교사는 유아들의 움직임 발달단계의 이해뿐 만 아니라 유치원 교육과정을 이해하고 있어야 하며, 무용에 관한 전문적인 기술을 지녀야 한다.

(2) 융통성

무용 수업에 관한 탄력적 운영과 실천이다. 무용교사는 교육현장에서 무용 수업을 진행하는 과정에서 교육환경과 대상을 이해하며 수업을 탄력적으로 운영할 수 있는 융통성을 발현할 수 있어야 한다. 때로는 수업을 진행할 때 교사가 예상하지 못한 상황이 생겨 진행에 어려움을 겪을 수도 있으나, 교사는 학생의 반응, 환경의 변화에 따라 수업목표에서 벗어나지 않는 범위에서 학습을 운영할 수 있는 전문가여야 한다. 이는 짧은 기간에 체득되지 않는다. 많은 경험과 개인적 연구의 자세를 필요로 한다. 따라서 다양한 분야에 관심을 가지고 유아의 발달에 기여할 수 있는 이론과 실기 및 프로그램 연구를 게을리 하면 안 된다.

(3) 끊임없는 연구와 애착

유아무용 교사는 유아와 관련하여 끊임없이 연구하는 자세를 지녀야 한다. 또한 그 분야에 애착을 가져야 하며 성실해야 한다. 유아교육기관 교사와의 협력, 동료교사들과의 피드백 등 다양한 인적자원과의 소통도 중요하다.

3) 유아들이 좋아하는 무용교사

유아들은 어떤 교사를 좋아할까?

이 부분을 유아무용 교사로서 얼마나 중요하게 생각하고 있을까? 는 유아무용 교사의 자질에서 중요한 부분이다. 유아들이 좋아하는 교사유형을 간단하게 정리 해 보았다.

- 유아들을 사랑하고 그들의 마음을 이해하고 있는 교사
- 자연스러운 분위기를 연출하는 교사
- 유아들의 무한한 잠재력을 인지하는 교사
- 다양한 도전을 시도하는 교사

- 놀이로 수업을 전개시킬 수 있는 교사
- 다양한 말과 칭찬을 아끼지 않는 교사
- 유머와 센스, 감성이 풍부한 교사
- 움직이는 즐거움을 전달해 줄 수 있는 교사
- 함께 움직이고, 즐길 수 있는 교사
- 전문적인 지식이나 다양한 경험을 가진 교사

위의 내용은 교사의 개인적, 전문적 자질에서 제시한 교사의 자질을 모두 수용하고 있어야 한다는 것을 알 수 있다. 따라서 좋은 교사가 되기 위해 많은 노력을 해야 하고 겸손해야 하고 객관성을 지니고 타인을 수용할 줄 알며 무엇보다 유아에 대한 전문적 지식이 있어야 한다는 것이다.

2. 신체의 표현활동-무용수업 지도원리

표현활동이나 무용 · 댄스의 특성에는 개인이 마음이나 신체 그리고 동료와의 긴밀한 상호작용을 위한 소통의 세계가 있다. 무용이나 댄스는 언어를 사용하기 이전에부터 존재했던 인류사상 최고의 문화라 하지 않는가. 그 발생에서부터 지금까지 무용이나 댄스는 인간의 생활과 긴밀한 유대를 형성하면서 다양한 형태로 변화 발전되어 왔다.

어떠한 종류의 댄스나 무용 모두에서 찾을 수 있는 공통적인 특성은 리드미컬한 움직임의 연속이라는 것과 모방과 변신, 욕구의 충족이며 즐거운 움직임이라는 것이다. 이러한 무용의 특성은 리듬이나 이미지 세계에 몰입하면서 자신의 감정을 조절 할 수 있고 일상생활에서 오는 다양한 스트레스를 해소할 수 있어 즐겁고 개운한 감정적 경험을 즐기는 것이라 할 수 있겠다.

인간은 왜 무용을 하는가? 그것은 '춤을 추고 싶다', '변신을 하고 싶다'

라는 인간의 욕구의 표현일까? 아니면 '음악에 맞추어 신체를 움직이는 것은 즐겁다' 라는 경험에서 무용을 하게 되는 것일까? 어떤 이유에서든 무용은 우리 인간과는 매우 밀접한 관련이 있으며 살아가는데 반드시 필요한 행위임에는 분명하다고 생각한다.

1) 표현활동 무용의 특성과 수업의 자세

표현활동인 무용이나 댄스의 특성은 자신의 몸과 마음을 조절할 수 있고 동료 혹은 자신의 내적 세계와의 소통을 형성하는 것이다. 이러한 무용의 특성에 부합되는 수업을 하기 위해서는 어떻게 수업을 진행하는 것이 옳은가? 단연 '재미있었어요., '선생님 벌써 끝났어요?' 혹은 '이런 수업 또 하고 싶어요' 라고 하는 피교육자로부터의 반응이 있다면 그 수업은 유아를 대상으로 한 무용교육으로 성공한 것이다.

유아기는 자신이 가지고 있는 잠재력을 무한히 발휘하면서 행동하고 있는 시기이다. 이러한 시기에 자신의 잠재력을 발휘시켜 자신으로 하여금 무한한 가능성을 발견하기 위한 무용교육의 기본적 자세는 다음과 같다.

(1) 자발적인 기분으로 수업에 임할 수 있는 환경 조성

표현활동의 학습에는 내용 혹은 단원의 선택이나 도입의 단계 등에서 유아들의 자발성을 유도할 수 있어야 한다는 것을 고려하지 않으면 안 된다. 당연히 유아들의 동작과 관계성을 면밀히 검토하여 구성하도록 한다.

(2) 개인과 밀접한 관련이 있는 주제 선정과 소통 형성

표현활동은 개인의 성격과 관련이 깊고, 자신이 익히 잘 알고 있으며 주위에서 쉽게 찾을 수 있는 주제를 선정하는 것이 좋다. 유아 자신을 중심으로 다양한 내용을 조합하여 성립시키면서 다른 요소들과 소통을 이루도록 한다. 이때 수업의 진행은 유아가 주체가 되어 학습현장에서 주제에 부합된 내용을 만들어 갈 수 있도록 한다.

(3) 신체언어의 매력

언어를 배재한 수업을 진행함에 따라 신체표현의 다양성과 중요성을 알게 한다. 처음에는 다소 어려움이 있을 수 있으나 익숙해짐에 따라 표현이 점점 다양해진다. 그러한 가운데 개개인의 다양한 개성이 파악되고 자유로운 분위기에서 인간관계가 긍정적으로 형성된다.

2) 특성을 고려한 수업 포인트

(1) 발달단계를 고려한 지도에 중점을 두는 것이 중요하다.

유아기는 모방과 움직임의 요소를 분리할 수 없다. 이 시기는 뇌의 발달이 미분화된 시기이므로 모방이 중요한 시기이다. 따라서 모방과 표현의 욕구를 충족시켜주는 것을 목표로 하고 있다. 예를 들어 이 시기는 동물흉내라든지 주변 인물들로는 부모와 동일시 할 수 있는 활동 등이 유아들에게는 무리가 되지 않는 범위에서의 주제 선정일 것이나. 그러나 연령이 높이짐에 따라 이들에 대한 주제나 행동의 기술도 복잡하고 다양하게 변화되어야 하며 이들이 만들어 나가는 스토리에도 점점 내용이 복잡해져야 한다.

(2) 유아들의 발달단계에 맞는 주제 예

유아들을 위한 교육주제는 늘 유아들 주변에 있고 유아들이 익숙하게 다루는 혹은 호기심이 있는 내용들을 선택하는 것이 좋다. 따라서 유아들과 충분히 대화하여 교사와 유아들 간에 충분한 상호작용을 할 수 있는 주제를 선택하는 것이 학습의 효과를 긍정적으로 유도한다. 아래 유아기에 주로 선호하는 내용을 예로 제시 해 두었다.

표 5-1. 유아발달 단계에 적합한 주제의 예

주제 예	지도 예
다양한 동물 - 호랑이, 표범, 치타, 뱀 개구리, 나비, 다람쥐, 상어 고래	다양한 동물 - 동물원 - 정글탐험 - 동물 이외의 것도 주인공으로 설정하여 내용구성으로 설정 - 바다 속 여행 - 인어공주의 여행
탈 수 있는 도구 - 스피드가 있는 대상 자전거, 버스, 지하철 오토바이, 비행기	탈 수 있는 도구 - 유원지 - 서울랜드 - 아빠와 여행을 - 우주 비행장 - 세계일주

(3) 학습활동과 형태의 다양성

학습활동을 너무 전문적이고 추상적으로 어렵게 생각하면 수업활동이 자유로울 수 없고 유아들의 적극적 참여를 기대할 수 없다. 무용교육을 재미있고 적극적으로 참여하게 하기 위해서는 쉽게 접근할 수 있는 다양한

표 5-2. 표현활동의 목표

	개인 혹은 그룹		
즉흥표현 목표	• 매 회 친한 친구와 만나기 • 새로운 친구와 만나기 • 2~3명씩 그룹으로 움직이기	• 개인적으로 자유롭게 • 친구와 공동으로 • 모방을 공동으로 • 공동으로 협력하여 • 다른 그룹과 상호작용	• 보여지는 다양성 • 2인1조 • 그룹 내에서 • 전원이 교대해서 • 교사가 정해준 유아를 중심으로
	선정 된 주제 별 고정 그룹에서 다양한 주제 밑 도형의 변화 유도		
작품 만들기 목표	• 개인으로 • 그룹으로 • 2~3인 • 6~8인 • 10인 이상 • 그룹단위의 작품 구성	• 개인의 이미지에서 • 솔로 • 솔로의 춤을 그룹의 춤으로 • 내용 Combination	• 창작 프로세스 • 간단한 음악과 의상 소도구 등을 활용한 안무구상 및 표현

변화가 중요하다. 이러한 수업진행을 위해서는 교사가 조금만 생각하면 충분히 해결할 수 있다. 따라서 아래 학습활동의 다양화를 유도하기 위한 방법적 키워드를 제시해 보았다. 어떠한 활동이든 이러한 틀 속에서 유아들의 생각을 수용해서 진행한다면 유아들이 다양성을 체험하면서 즐거움과 재미를 느끼는 수업으로 진행시킬 수 있을 것이다.

3) 특성을 고려한 교사의 역할 (교수법/ 지도역할)

유아를 지도하는데 있어서 교사의 역할이 매우 중요하다. 대부분 교사활동을 시작한 초기에는 직접적 지도방법을 주로 활용하고, 시간이 지날수록 간접적 지도방법을 선택한다. 이는 간접적 지도가 더 어려운 것일까? 그렇다. 그러나 유아를 지도하는데 있어서 간접적 지도는 유아의 심신의 발달에 매우 중요하다. 그러므로 교사로서 간접적 지도에 대한 연구 자세는 매우 중요하다. 다시 말하면 교사는 연출가로서의 역할이 필요한 것이다. 이 연출은 마력적인 학습의 장을 연출시켜 유아들이 이에 몰입 할 수

표 5-3. 교사의 역할

간접적 지도	직접적 지도
수업내용의 계획 - 지도계획(연간, 단원, 시간)의 작성 - 개인별 개성 파악 - 단원의 내용 선택 및 설정 - 학습활동의 조건설정 - 그룹 구성 - 수업활동의 장 구상 및 만들기 - 음악의 선택	실제수업 현장에서 교사의 학습목표에 따른 구체적 지시 언어로 학습되는 교사 주도형 학습
유아들과 함께 완성시켜 나가고 함께 평가해 나가는 과정	학습에 대한 평가는 교사의 주관성에 의해서 평가가 이루어짐
학습효과 - 잠재성 발견 - 창의성 개발 - 문제해결능력 향상	학습효과 - 기술력 향상 - 안정적 학습 환경 확보 - 위험요소가 적다
창의적 수업활동	정형화 된 수업활동

있도록 한다. 이러한 교사의 역할은 무용의 특성을 고려한 적극적이고 재미있는 무용 수업을 유도 해 갈 것이다.

3. 유치원 누리과정의 이해

유치원 누리과정은 유아에게 무용을 교육하려면 한번은 진중히 이해해야 하는 부분이라 생각한다. 누리과정은 유아에게 필요한 교육지침서이기 때문에 이 내용을 참고해서 무용교육을 설계한다면 유아를 위한 무용교육이 유아의 발달에 효과적으로 기여할 것으로 생각한다. 따라서 교육부에서 제공하는 자료를 중심으로 누리과정의 내용을 요약 정리하여 소개하고자 한다.

누리과정은 2011년 7월 14일 공표되어 만 5세 유아에게 제공되는 '무상교육 · 보육 정책'인 동시에 '만 5세 교육 · 보육과정'을 뜻하며 설정된 목표는 다음과 같다.

첫째, 기본운동능력과 건강하고 안전한 생활 습관을 기른다.

둘째, 일상생활에 필요한 의사소통 능력과 바른 언어 사용 습관을 기른다.

셋째, 자신을 존중하고 다른 사람과 더불어 생활하는 능력과 태도를 기른다.

넷째, 아름다움에 관심을 가지고 예술경험을 즐기며, 창의적으로 표현하는 능력을 기른다.

다섯째, 호기심을 가지고 주변 세계를 탐구하며, 일상생활에서 수학적 · 과학적으로 생각하는 능력과 태도를 기른다.

누리과정의 교육내용은 신체운동 · 건강, 의사소통, 사회관계, 예술경험, 자연탐구 5개 영역으로 구성하여 초등학교 저학년 교육과정과 긴밀하게 연계되도록 하였다.

1) 누리과정 교수학습 방법

첫째, 놀이를 중심으로 교수 · 학습활동이 이루어지도록 한다.

둘째, 유아의 흥미를 중심으로 활동을 선택하고 지속할 수 있도록 한다.

셋째, 유아의 생활 속 경험을 소재로 하여 지식, 기능, 태도 및 가치를 습득 하도록 한다.

넷째, 유아와 교사, 유아와 유아, 유아와 환경 간의 능동적인 상호작용이 이루어지도록 한다.

다섯째, 주제를 중심으로 여러 활동이 통합적으로 이루어지도록 한다.

여섯째, 실내, 실외활동, 동적활동, 대 · 소집단 활동 및 개별 활동, 휴식 등이 균형 있게 이루어지도록 한다.

일곱째, 유아의 관심과 흥미, 발달이나 환경특성 등을 고려하여 유아 개인에게 적합한 방식으로 학습하도록 한다.

2) 누리과정의 5개영역

누리과정의 5개영역은 신체운동·건강, 의사소통, 사회관계, 예술경험, 자연탐구로 구분된다. 본서에서는 3세, 4세, 5세의 발달 정도를 수용하여 유아의 움직임 혹은 무용과 관련해서 교육부에서 제시한 준거인 신체운동·건강과 예술경험에 대한 영역만 살펴보고자 한다.

(1) 신체운동 · 건강 영역

신체운동 · 건강 영역은 기본운동 능력과 건강하고 안전한 생활습관에 관한 영역이다. 이 영역은 유아가 자신의 신체를 긍정적으로 인식하고 신체활동에 즐겁게 참여함으로써 기본운동 능력과 기초체력을 기르고, 건강하고 안전한 생활을 실천하는 능력과 태도를 다루는 영역이다.

신체운동 · 건강 영역의 세부내용은 다음과 같다.

① 감각 능력을 기르고, 자신의 신체를 긍정적으로 인식한다.

유아기는 오감각을 통해 사물을 직접적으로 탐색함으로써 감각능력을 기르고, 자신의 신체를 움직여 보는 다양한 경험을 통해 자신의 신체능력을 긍정적으로 인식할 수 있는 시기이다. 감각능력과 감각기관의 활용능력은 유아가 주변의 환경을 인식하는 데 필요한 기초능력으로 신체발달뿐만 아니라 사회 · 정서 발달 및 인지 발달과 밀접히 연관되어 있다.

유아는 신체 각 부위의 움직임을 통해 신체운동능력을 기르고 성공적인 신체 움직임을 통해 자신의 신체를 긍정적으로 인식할 수 있게 된다. 따라서 유아가 감각기관을 활용하여 사물과 주변 세계를 인식하며, 신체 각 부분의 특성을 이해하고 활용하여 움직여 보는 활동으로 자신의 신체적 특성을 이해하고 활용해 보도록 하는 데 중점을 둔다.

② 신체를 조절하고 기본운동능력을 기른다.

유아기는 신체조절능력과 균형감이 향상되고, 기본운동능력이 발달하는 시기이다. 유아기의 건강한 발달을 위해 기본운동능력과 기초체력을 기르는 것이 매우 중요하다. 유아기의 기초체력은 기본운동의 활동을 통해 향상되며, 이후 성인기까지의 체력과 운동능력에 영향을 미친다. 따라서 유아가 다양한 자세와 움직임을 통해 신체 균형과 여러 가지 움직인 요소를 경험하게 함으로써 신체 조절력과 균형감, 민첩성을 키우는 데 중점을 둔다.

③ 신체 활동에 즐겁게 참여한다.

유아기의 신체 활동은 건강한 성장발달에 필수적인 요소이다. 유아는 다양한 신체 활동을 통해 몸을 건강하게 만들고 운동 능력을 키우며 신체운동 자체에서 무한한 즐거움을 느낀다. 그러므로 유아의 발달 정도와 능력에 적합한 운동 기회를 제공하여 유아가 즐겁게 신체 활동에 참여함으로써 성취감과 긍정적 자아 개념을 형성할 수 있도록 지원해주어야 한다.

유아가 생활 속에서 다양한 신체 활동에 자발적이며 적극적으로 참여하도록 하는 것은 적극적인 생활태도를 형성하는 데 도움이 된다. 신체활동에 참여하기는 건강한 신체 뿐 아니라 건강한 정신, 긍정적 자아개념을 형성하도록 하고 유아의 사회화를 촉진시킨다. 따라서 유아가 자발적이며 지속적으로 신체 활동을 경험할 수 있도록 실내 뿐 아니라 실외 신체 활동이나 기구를 이용한 신체 활동 등에 즐겁게 참여하도록 하는 데 중점을 둔다.

④ 건강한 생활습관을 기른다.

유아기에 건강한 생활습관을 형성하는 것은 이후 아동기나 성인기의 건강을 유지하는 기초가 되므로 매우 중요하다. 유아기는 질병에 대한 면역이나 저항력이 취약함은 물론 환경적인 변화에 대한 적응력도 성인에 비해 약하므로, 이 시기에 건강한 생활 습관을 형성할 수 있도록 지속적인 관심을 가져야 한다.

건강이란 단순히 '질병이 없는 상태'뿐만 아니라 '자신의 능력을 최대한 발휘할 수 있는 신체와 정신의 상태'를 의미한다. 따라서 유아가 병에 걸리지 않도록 주의하고 즐거운 마음으로 생활하며, 신체와 주변을 청결히 유지하고 적절한 수면과 휴식을 취하며 바른 식습관을 가질 수 있도록 지도하는 데 중점을 둔다.

⑤ 안전한 생활습관을 기른다.

최근 사회적 변화로 인하여 유아 안전사고의 위험뿐 만 아니라 사고 발생률도 증가하고 있으므로, 다양한 안전사고에 대한 체계적인 교육이 요구되고 있다. 게다가 유아는 신체를 조절하거나 환경을 지각하는 능력이 부족하므로 안전사고에 특히 유의해야 한다. 유아의 안전을 위해서는 물리적 환경의 시설과 설비를 안전하게 관리하고 유지하는 것이 우선되어야 한다. 그러나 아무리 안전한 환경이라도 유아가 안전하게 행동하지 않는다면 안전사고는 발생하게 된다. 따라서 유아가 주변의 위험 상황에 대한 올바른 인식과 이를 예방할 수 있는 교육이 함께 이루어져야 한다. 이를 위해 교사는 주변 환경의 안전성을 지속적으로 관찰, 점검함으로써 적절히 관리해야 한다. 또한 생활 속에서 안전 교육을 반복 지도함으로써 유아가 안전하게 놀이하기는 물론 교통안전규칙 지키기를 실천할 수 있도록 한다. 이와 함께 유아가 일상생활에서 경험하는 잠재적 위험요소를 인식하고 비상 시 적절히 대처할 수 있는 능력과 태도를 기르는 데 중점을 둔다.

⑥ 신체운동 · 건강 영역의 내용 범주

신체운동 · 건강 영역의 내용은 신체 인식하기, 신체 조절과 기본 운동하기, 신체 활동에 참여하기, 건강하게 생활하기, 안전하게 생활하기의 내용이 있다. 그 내용과 구체적 내용과 연령 별 특성은 다음과 같다.

(a) 신체 인식하기

내 용 범 주	내 용
신체 인식하기	• 감각능력 기르고 활용하기 • 신체를 인식하고 움직이기

• 감각능력 기르고 활용하기

'감각능력 기르고 활용하기'는 유아가 여러 가지 감각적 차이를 경험하고 감각기관을 활용하거나 협응하면서 사물과 주변 환경을 인식하는 능력을 키울 수 있는 내용으로 구성되어 있다. 유아는 감각기관을 통해 경험하는 여러 가지 자극의 차이를 느껴보고 이를 활용하기 시작하며, 점차 감각기관을 서로 협응하여 감각적 차이를 보다 예민하게 구분하게 된다.

3세	4세	5세
감각적 차이를 경험한다.	감각적 차이를 구분한다.	감각으로 대상이나 사물의 특성과 차이를 구분한다.
감각기관을 인식하고, 활용해 본다.	여러 감각기관을 협응하여 활용한다.	

• 신체를 인식하고 움직이기

'신체를 인식하고 움직이기'는 유아가 자신의 신체에 관심을 갖고 각 부위의 명칭을 알게 될 뿐만 아니라, 자신의 몸을 적절히 움직여 보는 경험을 통해 자신의 신체를 긍정적으로 인식하도록 하는 내용이다. 유아기에는 신체의 각 부위를 움직이는 운동 능력이 지속적으로 발달한다. 유아는 신체의 다양한 움직임에 관심을 갖게 되고, 점차 신체 각 부분의 특성을 보다 잘 인식하게 되면서 신체의 특성을 활용하여 움직일 수 있게 된다. 이를 통해 유아는 자신의 신체를 긍정적으로 인식하고 신체 움직임을 통해 즐거움과 자부심을 느낄 수 있다.

3세	4세	5세
신체 각 부분의 명칭을 알고, 움직임에 관심을 갖는다.	신체 각 부분의 특성을 이해하고 활용하여 움직인다.	
자신의 신체를 긍정적으로 인식하고 움직인다.		

(b) 신체 조절과 기본 운동하기

내 용 범 주	내 용
신체 조절과 기본 운동하기	• 신체 조절하기 • 기본 운동하기

• 신체 조절하기

유아는 건강한 성장을 위해 신체 움직임을 유지, 조절하며, 다양한 신체 운동을 통해 지속적으로 신체 각 기관의 협응력을 키워가게 된다. 유아기를 통해 신체균형과 신체 각 부분의 움직임, 감각기관과의 협응 및 소근육 조절이 요구되며, 연령별 신체발달과 성장에 따라 근육의 협응과 조절의 정도는 다르다. '신체조절하기'는 정지 또는 이동 시 무게, 움직이는 속도, 힘, 연속성 등을 고려한 몸의 조정 및 균형 유지 능력을 키우는 것으로 이를 통해 유아는 바른 자세, 여러 가지 운동기능발달에 필요한 지식과 기능, 태도를 기를 수 있다.

3세	4세	5세
신체균형을 유지해본다.	다양한 자세와 움직임에서 신체균형을 유지한다.	
공간, 힘, 시간 등의 움직임 요소를 경험한다.	공간, 힘, 시간 등의 움직임 요소를 활용하여 움직인다.	
신체 각 부분의 움직임을 조절해 본다.	신체 각 부분을 협응하여 움직임을 조절한다.	
눈과 손을 협응하여 소근육을 조절해 본다.		
		도구를 활용하여 여러 가지 조작운동을 한다.

• 기본 운동하기

유아기에는 몸을 한 곳에서 다른 곳으로 이동하면서 움직이는 달리기, 미끄러지기, 점프하기 등의 운동과 제자리에서 몸을 축으로 하여 장소를 옮기지 않고 움직여 보는 구부리기, 뻗기, 구르기, 흔들기 등의 운동에 활발하게 참여하면서 운동 능력의 토대를 갖추게 된다. 연령별, 개인별로 신체 발달과 성장에 따라 기본 운동 능력의 토대가 다르므로 각자의 신체 발달 특성을 고려하여 여러 가지 이동운동과 제자리에서의 움직임 활동을 경험하는데 중점을 둔다.

3세	4세	5세
걷기, 달리기 등 이동운동을 한다.	걷기, 달리기, 뛰기 등 다양한 이동운동을 한다.	
제자리에서 몸을 움직여본다.	제자리에서 몸을 다양하게 움직인다.	

(c) 신체 활동에 참여하기

내 용 범 주	내 용
신체 활동에 참여하기	• 자발적으로 신체 활동에 참여하기 • 바깥에서 신체 활동하기 • 기구를 이용하여 신체 활동하기

• 자발적으로 신체 활동에 참여하기

유아는 개인 또는 집단으로 하는 다양한 신체 활동에 참여하면서 신체 운동을 생활 속에서 즐기는 습관을 갖게 된다. '자발적으로 신체 활동에 참여하기'에서는 유아가 신체 활동에 자발적으로 참여하여 즐김으로써 기쁨과 만족감을 느끼고 자신의 신체운동 능력에 자신감을 느끼도록 하는데 중점을 둔다. 유아의 신체운동능력은 연령별, 개인별 차이가 있을 뿐만 아니라 유아 스스로도 운동의 종류에 따라서도 흥미나 능력에 차이를 보이므로 개인차에 적합한 신체활동을 경험하도록 지원한다.

<table>
<tr><th>3세</th><th>4세</th><th>5세</th></tr>
<tr><td>신체 활동에
자발적으로 참여한다.</td><td colspan="2">신체 활동에 자발적이고 지속적으로 참여한다.</td></tr>
<tr><td colspan="3">다른 사람과 함께 하는 신체 활동에 참여한다.</td></tr>
<tr><td></td><td>자신과 다른 사람의
운동 능력의 차이에
관심을 갖는다.</td><td>자신과 다른 사람의
운동 능력의 차이를
이해한다.</td></tr>
</table>

- 바깥에서 신체 활동하기

'바깥에서 신체 활동하기'는 실외놀이터, 주변 공원이나 놀이터, 가까운 숲 등의 자연환경에서 신체 활동을 하는 내용이다. 유아는 실외에서 마음껏 뛰어놀고, 달리고, 탐색하고 만져보며 쌓거나 파보는 등의 신체 활동을 할 수 있다. 유아기에는 대근육 활동을 포함하여 1일 바깥놀이 시간을 최소 60분을 확보해야 한다. 이러한 활동을 통해 유아는 심신의 스트레스를 자연스럽게 발산하고 신체 발달과 운동 능력의 증진을 꾀할 수 있다.

<table>
<tr><th>3세</th><th>4세</th><th>5세</th></tr>
<tr><td colspan="3">규칙적으로 바깥에서 신체 활동을 한다.</td></tr>
</table>

- 기구를 이용하여 신체 활동하기

'기구를 이용하여 신체 활동하기'는 유아가 다양한 기구를 활용하여 신체 활동을 함으로써 대근육 운동능력을 기르고, 기구를 이용하는 방법을 습득하게 하는 내용이다. 유아는 기구 활용을 통해 거리, 높이, 길이, 빠르기에 대한 감각을 경험하면서 조절능력과 방어 대처능력을 기를 수 있다.

<table>
<tr><th>3세</th><th>4세</th><th>5세</th></tr>
<tr><td colspan="3">여러 가지 기구를 이용하여 신체 활동을 한다.</td></tr>
</table>

(d) 건강하게 생활하기

내 용 범 주	내 용
건강하게 생활하기	• 몸과 주변을 깨끗이 하기 • 바른 식생활하기 • 건강한 일상생활하기 • 질병 예방하기

• 몸과 주변을 깨끗이 하기

'몸과 주변을 깨끗이 하기'는 유아가 질병을 예방하기 위한 기초로써 자신의 손과 몸을 깨끗이 하는 방법을 알고 실천하며, 나아가 유아가 생활하는 주변을 깨끗이 하는 습관을 기르도록 하는 내용이다.

<table>
<tr><th>3세</th><th>4세</th><th>5세</th></tr>
<tr><td colspan="2">손과 이를 깨끗이 하는 방법을 알고 실천한다.</td><td>스스로 몸을 깨끗이
하는 습관을 기른다.</td></tr>
<tr><td>주변을 깨끗이 한다.</td><td colspan="2">주변을 깨끗이 하는 습관을 기른다.</td></tr>
</table>

• 바른 식생활하기

유아가 건강을 유지하기 위해 음식을 골고루 적당량 먹고 몸에 좋은 음식에 관심을 갖고 구별할 수 있게 하는 내용이다. 이와 함께 유아가 바른 식사예절과 태도를 알고 실천할 수 있게 돕는 내용이다.

<table>
<tr><th>3세</th><th>4세</th><th>5세</th></tr>
<tr><td colspan="2">음식을 골고루 먹는다.</td><td>적당량의 음식을
골고루 먹는다.</td></tr>
<tr><td>몸에 좋은 음식에
관심을 갖는다.</td><td>몸에 좋은 음식을
알아본다.</td><td>몸에 좋은 음식을
선택할 수 있다.</td></tr>
<tr><td>바른 태도로 식사한다.</td><td colspan="2">음식을 소중히 여기고 식사예절을 지킨다.</td></tr>
</table>

- 건강한 일상생활하기

'건강한 일상생활하기'는 유아가 건강한 생활 습관을 형성하는 데 필요한 규칙적인 수면과 휴식, 배변 습관을 가지고 즐겁게 생활하는 태도를 형성하도록 하는 내용이다.

3세	4세	5세
규칙적으로 잠을 자고, 적당한 휴식을 취한다.		
하루 일과에 즐겁게 참여한다.		
스스로 화장실에서 배변한다.	바른 배변습관을 가진다.	규칙적인 배변습관을 가진다.

- 질병 예방하기

'질병 예방하기'는 전염병에 대한 면역력이 약한 유아가 질병의 위험을 알고 주의하며, 날씨와 상황에 맞게 옷을 조절하여 입게 함으로써 체온을 조절하고 건강을 유지할 수 있도록 하는 내용이다.

3세	4세	5세
질병의 위험을 알고 주의한다.	질병을 예방하는 방법을 알고 실천한다.	
날씨에 맞게 옷을 입는다.	날씨와 상황에 알맞게 옷을 입는다.	

(e) 안전하게 생활하기

내 용 범 주	내 용
안전하게 생활하기	• 안전하게 놀이하기 • 교통안전 규칙 지키기 • 비상 시 적절히 대처하기

• 안전하게 놀이하기

'안전하게 놀이하기'는 실내 · 외 여러 가지 놀이기구나 놀잇감, 도구를 안전하게 사용하고, 안전한 장소에서 놀이하며, 전자 미디어를 안전하게 사용하는 데 필요한 지식, 기능, 태도를 형성하는 내용이다.

<table>
<tr><th>3세</th><th>4세</th><th>5세</th></tr>
<tr><td colspan="2">놀이기구나 놀잇감, 도구를 안전하게 사용한다.</td><td>놀이기구나 놀잇감,
도구의 바른 사용법을
알고 안전하게 사용한다.</td></tr>
<tr><td>안전한 놀이장소를 안다.</td><td colspan="2">안전한 장소를 알고 안전하게 놀이한다.</td></tr>
<tr><td>TV, 인터넷, 통신기기
등을 바르게 사용한다.</td><td colspan="2">TV, 인터넷, 통신기기 등의 위해성을 알고,
바르게 사용한다.</td></tr>
</table>

• 교통안전 규칙 지키기

'교통안전 규칙 지키기'는 유아가 교통안전 규칙의 중요성과 자동차 사고의 위험을 알고 사고의 위험으로부터 자신을 보호하기 위해 필요한 지식, 기능, 태도를 형성하는 내용이다.

<table>
<tr><th>3세</th><th>4세</th><th>5세</th></tr>
<tr><td>교통안전 규칙을 안다.</td><td colspan="2">교통안전 규칙을 알고 지킨다.</td></tr>
<tr><td colspan="3">교통수단을 안전하게 이용한다.</td></tr>
</table>

• 비상 시 적절히 대처하기

'비상 시 적절히 대처하기'는 학대, 성폭력, 실종, 유괴 상황과 재난 및 사고 등의 비상 상황을 알고 적절하게 대처함으로써 자신을 보호하는 데 필요한 지식, 기능, 태도를 형성하는 내용이다.

<table>
<tr><th>3세</th><th>4세</th><th>5세</th></tr>
<tr><td>학대, 성폭력, 실종, 유괴상황을
알고 도움을 요청한다.</td><td colspan="2">학대, 성폭력, 실종, 유괴상황 시 도움을
요청하는 방법을 알고 행동한다.</td></tr>
<tr><td>재난 및 사고 등 비상 시
적절하게 대처하는 방법을 안다.</td><td colspan="2">재난 및 사고 등 비상 시 적절하게 대처하는
방법을 알고 행동한다.</td></tr>
</table>

2) 예술경험 영역

예술경험 영역은 친근한 주변 환경에서 발생하는 소리, 음악, 움직임과 춤, 모양과 색 등의 요소에서 아름다움을 느끼고, 또래와 교사, 부모, 지역 사회의 주민이나 예술작품을 가까이 접하면서, 창의적으로 표현하는 것을 즐기며 감상하기 위한 활동이다. 예술경험 영역에서는 만 3, 4, 5세 유아들에게 아름다움을 찾고, 표현하고, 자신의 창의적 표현을 즐기고 감상할 수 있도록 한다. 따라서 이 영역은 '아름다움 찾아보기', '예술적 표현하기', '예술 감상하기'의 세 가지 내용 범주로 구성되어 있다.

예술경험 영역은 다른 영역에 비해 개인의 자유로운 감성과 표현이 존중되는 영역이다. 따라서 유아가 가진 느낌을 편안한 마음으로 자유롭게 표현하고 즐길 수 있도록 하는 허용적인 분위기 조성이 필요하다.

유아기는 주변에 관심을 갖고 감각과 신체를 이용하여 보고, 듣고, 만지며 느낀 것을 자연스럽게 표현함으로써 예술적 요소를 인식할 수 있는 기초능력이 발달되는 시기이다. 또한 만 3, 4, 5세 유아들은 자연을 비롯한 주변 사물이 지닌 다양한 예술적 요소를 인식하고 친숙한 대상에 대한 느낌과 생각을 표현할 수 있다. 나아가 이 시기의 유아는 느낌, 생각, 상상한 것을 자신만의 창의적인 방법으로 상징적인 표현을 한다. 이로 인해 미적 감각 및 심미적 태도가 발현되기도 한다. 이러한 유아기 동안 미적 감각과 심미적 태도가 형성되도록 하는 것은 일생을 살아가면서 정서적 풍요로움과 행복감을 얻는 기본적인 역량을 제공한다는 점에서 가치가 높다.

(1) 예술경험의 목표

가. 탐색한다.

- 자연과 주변 환경에서 발견한 아름다움과 예술적 요소에 관심을 갖고 탐색한다.

예술적 요소에 대한 탐색은 유아가 자연과 주변 환경에서 자연스럽게 접할 수 있는 소리, 음악, 움직임, 춤, 극놀이, 조형물 등에서 아름다움을 구성하고 표현하는 기본적인 요소를 적극적으로 찾아보는 경험을 한다. 아름다움과 예술적 요소에 관심을 갖고 적극적으로 탐색하는 경험은 유아의 미적 감각과 심미감을 높여주고 창의적인 표현과 감상 능력을 발달시켜 준다는 점에서 중요하다. 따라서 자연과 주변 환경에서 아름다움과 예술적 요소를 탐색하도록 하는데 목표를 둔다.

나. 표현한다.

- 자신의 생각과 느낌을 음악, 움직임과 춤, 미술, 극놀이를 통해 창의적으로 표현한다.

표현은 유아가 다양한 활동을 경험해 보는 과정을 통하여 자신의 느낌과 생각을 자유롭게 표현하도록 하는 것이다. 예술표현 과정에서 유아는 언어 뿐 아니라 자신의 내면을 표현할 수 있음을 알게 되며, 표현을 시도함으로써 만족감을 느끼게 된다. 또한 표현하기는 유아가 자신의 생각과 느낌을 자발적으로 표현하는 과정과 즐기는 것에 목표를 둔다. 또한 유아들에게 있어서 표현의 결과물은 성취감과 자신감을 경험할 수 있어 자신이 구성한 작품을 중요하게 다룰 수 있는 인성으로 육성시킬 수 있다.

다. 풍부한 감성과 심미적 태도

- 자연과 다양한 예술 작품을 감상하며, 풍부한 감성과 심미적 태도를 기른다

감상이란 자신과 다른 사람의 예술 작품을 보고, 듣고, 즐기며, 소중히 여김으로써 다른 문화에도 관심을 갖게 한다. 유아기에 다양한 예술 활동 및 작품을 감상하는 경험은 일생에 걸쳐 접하게 될 예술에 대한 이해와 민감성 발달에도 긍정적인 영향을 준다. 예술 감상하기는 자연과 다양한 예술작품을 자연스럽게 감상함으로써 아름다움을 인식하고, 다른 사람의 예술적 작품을 이해하고 존중할 수 있도록 하는 데 목표를 둔다.

(2) 내용구성

예술경험 영역의 내용범주는 '아름다움 찾아보기', '예술적 표현하기', '예술 감상하기'로 이루어져 있으며, 이에 따라 내용 및 세부 내용이 제시되어 있다.

가. 아름다움 찾아보기

내용 범주	내용
아름다움 찾아보기	• 음악적 요소 탐색하기 • 움직임과 춤 요소 탐색하기 • 미술적 요소 탐색하기
예술적 표현하기	• 음악으로 표현하기 • 움직임과 춤으로 표현하기 • 미술 활동으로 표현하기 • 극놀이로 표현하기 • 통합적으로 표현하기
예술 감상하기	• 다양한 예술 감상하기 • 전통예술 감상하기

(2) 내용 및 세부내용

세부내용에는 예술의 종합적 관점이 있지만 무용, 표현, 활동과 관련이 있는 움직임과 춤 요소 탐색하기에 대해 살펴보았다.

가. 탐색하기

'움직임과 춤 요소 탐색하기'는 유아가 자신이나 다른 사람의 몸의 움직임 혹은 자연과 주변 사물의 여러 움직임에 주의를 기울이고 반응하면서 움직임과 춤의 아름다움을 느끼고, 움직임과 춤 요소들의 특징을 자연스럽게 발견하며 탐색하는 능력을 기르기 위한 내용이다. 유아의 다양한 움직임과 춤 요소 탐색 능력은 유아가 움직임과 춤의 아름다움을 느끼고 즐기며, 아름다움을 움직임과 춤으로 표현하고 감상할 수 있는 능력을 기르는 데 기초가 된다.

3세	4세	5세
움직임과 춤의 모양, 힘, 빠르기 등에 관심을 갖는다.		움직임과 춤의 모양, 힘, 빠르기, 흐름 등을 탐색한다.

나. 표현하기

세부 내용에서 '움직임과 춤으로 표현하기'에 대해 알아보았다. 움직임과 춤으로 표현하기는 유아가 움직임에 영향을 주는 모양, 힘, 빠르기, 흐름 등과 같은 요소에 대해 인식하고 이를 적절히 조합하고 응용함으로써 자신의 생각과 느낌을 보다 아름답고 창의적인 움직임이나 춤으로 표현해 보는 내용이다. 이러한 움직임과 춤 활동은 유아에게 풍부한 상상의 기회를 제공하여 새로운 동작의 가능성을 발견하도록 하며, 자유로운 표현을 통해 자기표현 욕구를 충족시킬 수 있도록 하는 점에서 가치가 있다.

<table>
<tr><th>3세</th><th>4세</th><th>5세</th></tr>
<tr><td colspan="2">신체를 이용하여 주변의 움직임을 자유롭게 표현한다.</td><td>신체를 이용하여 주변의 움직임을 다양하게 표현하며 즐긴다.</td></tr>
<tr><td colspan="3">움직임과 춤으로 자신의 생각과 느낌을 표현한다.</td></tr>
<tr><td colspan="2">도구를 활용하여 다양한 움직임으로 표현한다.</td><td>다양한 도구를 활용하여 창의적으로 움직인다.</td></tr>
</table>

'신체를 이용하여 주변의 움직임을 자유롭게 표현한다.'

유아의 생활주변에서 볼 수 있는 친숙한 생물, 사물, 상황 등의 다양한 움직임을 자유롭게 표현해 보도록 하는 내용이다. 만 3, 4세 유아는 생활주변의 동물, 식물, 사람, 놀잇감, 탈 것, 도구 등의 활동적으로 움직이는 대상에 대하여 많은 호기심과 흥미를 느끼며 이를 표현하고자 자신의 신체로 움직임을 만드는 것을 즐긴다. 그러나 단순한 움직임으로 표현하거나 또래들의 움직임을 따라하는 경우가 많으므로 유아가 표현할 대상에 대해 충분한 탐색을 할 수 있도록 교사는 실물자료 또는 모형, 다양한 영상자료 등을 제공하는 것이 중요하다. 또한 움직임을 비롯하여 감정이나 상황 등을 자유롭게 표현할 수 있도록 동작 어휘를 포함하고 있는 동요, 동시, 동화, 손유희 등을 활용하는 것은 유아의 상상력을 자극하여 움직임을 이끌어 내는데 적합하다.

'신체를 이용하여 주변의 움직임을 다양하게 표현하며 즐긴다.'

5세 정도의 유아를 대상으로 유아의 움직임을 사실적으로 묘사해 주거나 또 다른 방법을 제안함으로써 점진적으로 자신만의 독창적인 표현을 찾아내도록 하는 학습이다. 예를 들어 짝과 함께 신체 부분을 연결하여 큰 구름이 되어 움직여보거나 코끼리의 움직임과 생쥐의 움직임이 어떻게 다른지 표현해 보는 등의 움직임과 춤의 요소를 적절히 조합하여 움직임을 만들어보는 경험을 통해 다양하게 표현할 수 있는 기회를 주어야 한다. 아울러 만 5세 유아에게도 움직임 그 자체가 즐거운 경험이 되어야 하므로 각 유아의 표현의 독특성을 인정하고 모든 유아가 성취감을 경험하도록 도와주어야 한다.

'움직임과 춤으로 자신의 생각과 느낌을 표현한다.'

유아가 일상에서 자연스럽게 접하게 되는 움직임과 춤에 관심을 가지고 직접 움직여보거나 춤을 추는 경험을 통해 자신의 생각과 느낌을 표현하도록 하는 내용이다. 만 3, 4세 유아는 대상물의 모양이나 움직임을 사실적으로 표현하는 것에서 시작하여 단순한 움직임으로 떠오르는 대로 상상적인 표현을 한다. 만 5세 유아는 사실적인 표현과 더불어 이에 대한 느낌, 생각, 상황, 분위기, 상상한 것까지도 움직임으로 표현할 수 있다. 움직임과 춤은 유아가 생각과 느낌을 표현하기 위하여 '~처럼 되어보는' 경험을 이끈다는 점에서 창의적인 표현을 촉진한다. 만 3, 4세 유아는 자유롭고 리드미컬하게 움직여 보는 경험이 필요하다면, 만 5세 유아는 유아 자신의 능력을 탐색하고 주어진 주제에 따라 움직임과 춤의 요소를 다양한 동작과 적절히 조합하여 표현할 수 있도록 보다 구체적으로 안내할 필요가 있다. 이러한 과정을 통해 어떠한 요소와 동작이 자신이 원하는 움직임을 만들어 내는지 알게 된다.

'도구를 활용하여 다양한 움직임으로 표현한다.'

유아가 공간속에서의 도구의 움직임이나 신체와의 관계를 탐색해 봄으로써 도구를 활용하여 보다 다양한 움직임으로 표현해 보도록 하는 내용이다. 만 3, 4세 유아는 도구를 직접 다루어 봄으로써 도구에 친밀감과 성취감을 느낀다. 특히, 활동에 소극적인 유아일 경우, 도구의 움직임에 호기심을 갖고 집중하게 하여 활동 참여를 자극할 수 있다는 점에서 의미 있는 경험이다. 또한 도구 활용과 관련된 공간(가까이-멀리, 앞-뒤, 위-아래 등)에 대한 개념을 익힐 수 있게 되어 보다 다양한 움직임으로 표현할 수 있게 된다. 따라서 유아의 발달과 사전경험을 고려하여 적합한 도구를 사용하는 것이 효과적이다. 이러한 도구에는 다양한 색깔의 스카프, 리듬막대, 리본테이프, 다양한 색과 모양의 풍선, 다양한 재질과 크기의 공, 스펀지 등이 있다.

'다양한 도구를 활용하여 창의적으로 움직인다.'

유아가 다양한 도구를 활용하여 자연스럽고 창의적인 움직임을 표현하도록 하기 위한 내용이다. 만 5세 유아는 대·소근육의 협응력이 정교하게 발달하므로 다양한 도구를 활용하여 새로운 방식으로 움직여 볼 수 있는 기회를 제공하는 것이 필요하다. 다양한 도구를 활용하는 것은 이전에 경험하지 못한 새로운 움직임의 가능성을 확장시켜주어 창의적인 표현을 촉진하며 유아의 표현이 더 자연스럽고 흥미롭게 전개되도록 돕는다. 창의적인 움직임을 돕는 다양한 도구로는 지팡이, 모자, 탄력밴드, 다양한 공, 고무줄, 풍선, 리본, 훌라후프, 한삼, 줄 등이 적합하다. 또한 유아가 도구를 활용하여 마음껏 움직이려면 충분한 공간이 확보되어야 하며 사전에 안전규칙에 대해 충분한 이야기를 나누어 유아들이 활동하면서 서로 부딪치지 않도록 주의한다.

신체운동에 대한 연령 별 내용 범주표

내용 범주	내용	3, 4세 누리과정		5세누리과정 (부분 개정)	5세누리과정 ('11. 9. 5)
		3세	4세		
신체인식 하기	감각능력 기르고 활용하기				미세한 감각적 차이를 구분한다.
		감각적 차이를 경험한다.	감각적 차이를 구분한다.	감각으로 대상이나 사물의 특성과 차이를 구분한다.	여러 감각기관을 협응하여 활용한다.
		감각기관을 인식하고, 활용해 본다.	여러 감각기관을 협응하여 활용한다	여러 감각기관을 협응하여 활용한다	감각으로 대상이나 사물의 특성과 차이를 인식한다.

내용 범주	내용	3, 4세 누리과정		5세누리과정 (부분 개정)	5세누리과정 ('11. 9. 5)
		3세	4세		
	신체를 인식하고 움직이기	신체 각 부분의 명칭을 알고, 움직임에 관심을 갖는다.	특성을 이해하고 활용하여 움직인다.	신체 각 부분의 특성을 이해하고 활용하여 움직인다.	신체 각 부분의 특성을 이해하고 활용하여 움직인다.
		자신의 신체를 긍정적으로 인식하고 움직인다.	자신의 신체를 긍정적으로 인식하고 움직인다.	자신의 신체를 긍정적으로 인식하고 움직인다.	자신의 신체를 긍정적으로 인식하고 움직인다.
신체 조절과 기본운동 하기	신체조절 하기	신체균형을 유지해 본다	다양한 자세와 움직임에서 신체균형을 유지한다.	다양한 자세와 움직임에서 신체균형을 유지한다.	신체균형을 유지하면서 다양한 자세를 취한다.
		공간, 힘, 시간 등의 움직임 요소를 경험한다.	공간, 힘, 시간 등의 움직임 요소를 활용하여 움직인다.	공간, 힘, 시간 등의 움직임 요소를 활용하여 움직인다.	신체 각 부분의 움직임을 조절한다.
		신체 각 부분의 움직임을 조절해 본다.	신체 각 부분을 협응하여 움직임을 조절한다.	신체 각 부분을 협응하여 움직임을 조절한다.	공간, 힘, 시간 등의 움직임 요소를 활용하여 운동한다.
		눈과 손을 협응하여 소근육을 조절해 본다.	눈과 손을 협응하여 소근육을 조절해 본다.	눈과 손을 협응하여 소근육을 조절해 본다.	
신체 조절과 기본운동 하기	신체조절 하기			도구를 활용하여 여러 가지 조작운동을 한다.	도구를 활용하여 여러 가지 조작운동을 한다.
	기본 운동하기	걷기, 달리기 등 이동운동을 한다.	걷기, 달리기, 뛰기 등 다양한 이동운동을 한다.	걷기, 달리기, 뛰기 등 다양한 이동운동을 한다.	걷기, 달리기, 뛰기 등 다양한 이동운동을 한다.
		제자리에서 몸을 움직여 본다.	제자리에서 몸을 다양하게 움직인다.	제자리에서 몸을 다양하게 움직인다.	제자리에서 다양한 운동을 한다.
신체 활동에 참여 하기	자발적으로 신체활동에 참여하기	신체 활동에 자발적으로 참여한다.	신체 활동에 자발적이고 지속적으로 참여한다.	신체 활동에 자발적이고 지속적으로 참여한다.	신체 활동에 자발적이고 지속적으로 참여한다.
		다른 사람과 함께하는 신체 활동에 참여한다.	다른 사람과 함께하는 신체 활동에 참여한다.	다른 사람과 함께하는 신체 활동에 참여한다.	
			자신과 다른 사람의 운동능력의 차이에 관심을 갖는다.	자신과 다른 사람의 운동능력의 차이를 이해한다.	자신과 다른 사람의 운동능력의 차이를 존중한다.
	바깥에서 신체활동하기	규칙적으로 바깥에서 신체활동을 한다.	규칙적으로 바깥에서 신체 활동을 한다.	규칙적으로 바깥에서 신체 활동을 한다.	규칙적으로 바깥에서 신체 활동을 한다.
	기구를 이용하여 신체활동하기	여러 가지 기구를 이용하여 신체활동을 한다.	여러 가지 기구를 이용하여 신체활동을 한다.	여러 가지 기구를 이용하여 신체활동을 한다.	여러 가지 기구를 이용하여 신체활동을 한다.

(교육과학기술부, 2013)

4. 유아무용 학습지도안 구성방법

유아무용을 지도하고자 하는 교사라면 유아무용에 대한 교수학습지도안을 스스로 계획할 수 있어야 한다. 우선 교수학습지도안을 작성하려면 전체 수업의 목표설정 후 연간 교육안에 월 교육안, 일일 교육안이 계획되어야 한다.

이를 위해 선행되어야 하는 것은 대상과 환경을 분석하여 지도방법이나 움직임을 달리 적용하여야 하며, 실천에 있어서 융통성 있는 전개가 필요하다. 이를 위해서 먼저 고려되어야 할 사항을 살펴보면 다음과 같다.

첫째, 교육기관과의 소통

유치원, 어린이집, 문화센타 등 무용 수업이 진행되는 담당기관과 무용 수업의 방향성을 함께 의논하며, 공간 및 기자재지원을 논의한다. 이는 수업공간의 크기 및 시청각 자료 활용 등을 고려할 수 있고, 대상자들의 선수학습 정도와 특이사항을 확인할 수 있다. 특히, 무용은 신체와 공간의 인지로 이루어지기 때문에 수업을 진행할 공간을 고려하여 수업을 계획해야 한다. 먼저 수업할 공간에 위험하거나 집중에 방해될 요소들을 제거하고(모서리나 기자재 등) 유아들의 수를 고려하여 활용할 공간에 따라 수업을 계획한다.

둘째 유치원 누리과정을 고려한 연간수업의 목표설정

유아들의 연령별 발달 특징을 고려하여 연간 수업의 목표 및 차시별 수업의 목표설정, 구체적 활동을 계획할 수 있다. 유아의 발달단계를 고려하지 않고 무리한 신체 활동을 진행할 경우 역효과를 줄 수 있으므로, 흥미를 잃지 않도록 창의적이고 융통성 있는 수업을 계획하도록 한다. (2장 유아기 발달의 이해와 3장 유아기 무용교육을 참고하여 교안을 작성하도록 한다)

셋째, 목표설정

환경 및 대상 분석 후 연간 수업 목표는 무용수업의 방향성에 대해 진술하고 차시별 목표는 수업 후 유아들의 변화 변화되는(기대되는) 행동이 포함되도록 진술한다. 학습목표가 불분명한 수업은 그 시간에 기대한 학습효과를 얻지 못함으로 차시별 목표는 그 시간에 이룰 수 있는 구체적인 의미로써 행동 목표(behavioral objectives), 성취 목표(performance objectives) 또는 명시적 목표(specific objectives)로 제시한다. 즉 수업목표는 학습결과라 할 수 있다.

1) 교수 학습 지도안의 중요성

교수 학습 지도안은 한 차시 학습목표의 효과적인 달성을 위한 전략으로 수업의 효과를 높이기 위해 필요하며, 교수 학습 활동의 방향을 설정하는 계획이다. 이는 수업의 실패를 줄이고 학습목표에 도달할 활동들을 계획하여 수업목표 달성에 밑거름이 될 수 있다.

2) 교수 학습 지도안의 요소

교수 학습 지도안에는 분명한 학습목표가 제시되어야 하며, 학습 단계별 활동 및 내용이 있어야 한다. 보통 도입, 전개, 정리부분으로 나뉘며, 전개에 따른 활동의 시간배당이 있어야 하며, 학습자 활동의 형태에 따른 지도방법 및 유의사항이 제시되며, 학습목표에 따른 자료, 평가방법이 있어야 한다.

교수학습지도안 작성예시

<table>
<tr><td rowspan="2">학습 주제</td><td rowspan="2" colspan="2">이전차시와 연계하여
단계적인 학습주제 설정</td><td>대상</td><td></td><td>장소</td><td></td></tr>
<tr><td>차시</td><td></td><td>시간</td><td></td></tr>
<tr><td>학습 목표</td><td colspan="6">학습 후에 나타나는 학생의 구체적 행동동사 또는 학습 결과로 진술한다.</td></tr>
<tr><td>학습 자료</td><td colspan="6">수업에 관련된 준비물
참고문헌, 참고 사이트, 음악, 동영상 등 관련 자료의 출처 기입</td></tr>
<tr><th>학습단계</th><th>학습과정</th><th colspan="3">교수 · 학습 활동</th><th>시간</th><th>유의점</th></tr>
<tr><td>도입</td><td>마음열기

전시학습 상기

동기유발

학습문제 확인</td><td colspan="3">모이기, 인사 및 출결

주의집중 ,동기부여

신체를 워밍업 시키고, 전 시간에 배운 수업을
상기시켜 주며, 놀이를 통해 본 수업의 흥미를
유발시킨다. 이때 수업에 연관된 놀이를
활용하도록 한다.

강의개요</td><td>5~10(%)</td><td></td></tr>
<tr><td>전개</td><td>활동 1

활동 2

활동 3</td><td colspan="3">수업주제와 학습목표와의 연계된(일관성)
전개활동을 단계적으로 진행
(평가까지 통일되게 연결)</td><td>80~90(%)</td><td></td></tr>
<tr><td>정리</td><td>학습내용정리
차시예고</td><td colspan="3">느낌나누기를 통한 수업목표 확인 및 요약, 복습,
재동기부여 , 다음차시예고, 인사</td><td>5~10(%)</td><td></td></tr>
<tr><td>평가계획</td><td colspan="6">
<table>
<tr><th rowspan="2">평가내용</th><th colspan="3">평가수준</th><th rowspan="2">평가방법</th></tr>
<tr><th>상</th><th>중</th><th>하</th></tr>
<tr><td>학습자의 행동을 관찰할 수 있으며
학습목표와 일관된 평가 항목</td><td></td><td></td><td></td><td rowspan="2">관찰법,
실기법</td></tr>
<tr><td></td><td></td><td></td><td></td></tr>
</table>
</td></tr>
</table>

생각할 문제

문제1

4차 산업혁명 시대와 유아무용

문제2

유아무용 교사로서의 사명감

유아무용교육

1판 1쇄 펴냄 — 2017년 9월 10일

저자 이정숙 · 이은선
발행처 도서출판 21세기교육사
발행인 이경화

등록번호 제1-1128호
등록일자 1991. 2. 12

주소 04560 서울특별시 중구 퇴계로 293-1(쌍림동 원진프라자 3층)
전화 02-2269-6561(대)
팩스 02-2269-6568
e-mail 21publish@naver.com

ISBN 978-89-6131-049-9 93690
정가 20,000원